Blume

Verschwörungsmythen –
woher sie kommen,
was sie anrichten,
wie wir ihnen begegnen können

Michael Blume

Verschwörungsmythen – woher sie kommen, was sie anrichten, wie wir ihnen begegnen können

Patmos Verlag

VERLAGSGRUPPE PATMOS

PATMOS
ESCHBACH
GRÜNEWALD
THORBECKE
SCHWABEN
VER SACRUM

Die Verlagsgruppe
mit Sinn für das Leben

Für die Verlagsgruppe Patmos ist Nachhaltigkeit ein wichtiger
Maßstab ihres Handelns. Wir achten daher auf den Einsatz
umweltschonender Ressourcen und Materialien.

2. Auflage 2020
Alle Rechte vorbehalten
© 2020 Patmos Verlag
Verlagsgruppe Patmos in der Schwabenverlag AG, Ostfildern
www.patmos.de

Umschlaggestaltung Finken & Bumiller
Satz: Schwabenverlag AG, Ostfildern
Druck: CPI books GmbH, Leck
Hergestellt in Deutschland
ISBN 978-3-8436-1286-9 (Print)
ISBN 978-3-8436-1287-6 (eBook)

Inhalt

Gewidmet
Zehra – für das Miteinander
in Liebe, Glaube, Hoffnung

Die tödliche Falle

»Schließlich sollte man die Tricks,
von denen ich gesprochen habe,
dingfest machen, ihnen sehr drastische
Namen geben, sie genau beschreiben,
ihre Implikationen beschreiben und
gewissermaßen versuchen, dadurch die
Massen gegen diese Tricks zu impfen,
denn schließlich will niemand
ein Dummer sein.«
Theodor Adorno (1967)[1]

»Sich als Opfer zu definieren
ist ein Bestreiten dessen,
was uns zu Menschen macht.«
Jonathan Sacks (2015)[2]

»Red Alert« – »Alarmstufe Rot«: Dieser Schriftzug springt Ihnen auch heute noch entgegen, wenn Sie die Website http://www.heavensgate.com vom 26. März 1997 aufrufen. An diesem Tag töteten sich die letzten neun Angehörigen der »Klasse«, die durch die Aufgabe ihres Körpers in ein rettendes Raumschiff gebeamt werden wollten. Einen Tag zuvor hatten sich bereits 15 Erwachsene getötet, einen weiteren Tag davor noch einmal 15. So starben insgesamt 39 Menschen innerhalb von drei Tagen, jeweils in einheitlicher, schwarzer Kleidung und mit jeweils 5,75 Dollar in der Tasche. Auf ihren ebenfalls einheitlichen Armbändern stand »Heaven's Gate Away Team«. Auch der Gründer der Sekte, Marshall Herff Applewhite (1931–1997), befand sich unter den Toten. Einige Woche später suizidierte sich noch ein weiteres ehemaliges Mitglied, das es »bedauert« hatte, nicht beim »Aufstieg« dabei gewesen zu sein. Ein weiterer Suizidversuch ging fehl.[3]

Die Anhängerinnen und Anhänger der neureligiösen Gemeinschaft glaubten, dass die Erde von einer Verschwörung »luziferianischer« Außerirdischer kontrolliert werde und der Menschheit ein katastrophales »Recycling« drohe. Nur wenige Auserwählte, die in der internen »Schule« über Jahre hinweg ausgebildet worden waren, würden von einem Raumschiff guter Aliens – darunter Jesus – gerettet, das sich im Gefolge des

Hale-Bopp-Kometen befinde. Das Aufgeben ihres Körpers sei demnach nur der Schritt hinauf auf »den nächsten Level«. Dieser Glaube führte sie in den Tod.

Wir wollen uns gern einreden, dass hier nur vereinzelte, willensschwache Menschen in eine Art »Gehirnwäsche« geraten und so in den Tod getrieben worden wären. Doch dass Applewhite Philosophie studiert und an einer Hochschule Musik gelehrt hat, dass kluge und gebildete Mitglieder der Gruppe zuletzt durch das Programmieren von Websites Geld verdient haben, verunsichert uns. Der Religionswissenschaftler James Lewis bemerkte schon 2003 in einer Studie zu Heaven's Gate: »So lange eine neue Religion die Sorgen ihrer Follower anzusprechen vermag, werden selbst Dinge wie eine fehlgeschlagene Prophezeiung oder offensichtliche Heuchelei ihres Anführers keine Glaubenskrise auslösen. [...] Es war daher ein relativ kleiner Schritt für Applewhite, einen Gruppensuizid zu begründen.«[4]

Aber so etwas, so werden wir uns vielleicht trösten, kann doch sicher nur in den USA oder anderen weit entfernten Gesellschaften geschehen.

Wirklich? Zwischen 1994 und 1997 ermordeten und töteten sich in insgesamt vier Gruppen insgesamt 74 Anhängerinnen und Anhänger des »Sonnentempler«-Ordens in der Schweiz und in Kanada. Eltern nahmen Kinder mit in den Tod. Zu den Mitgliedern der überaus wohlhabenden Gemeinschaft zählten Arzt- und Unternehmer-, Bürgermeister- und Musikerfamilien ebenso wie Polizisten. Presseberichte, Ermittlungen und sogar zeitweilige Verhaftungen hatten die Mitglieder auch nach dem Suizid ihres Anführers nicht davon abhalten können, gruppenweise ihre »Reise in die Ewigkeit« anzutreten. Auslöser der Mord- und Selbstmordserie war der Verschwörungsglaube des Sektengründers, der in seiner Tochter den Messias und in einem anderen Jungen den »Antichristen« erkannt haben wollte.[5]

Mit ungezählten Toten rasten im 20. Jahrhundert auch politische Bewegungen in den kollektiven Suizid. Noch 1926 hatte sich zum Beispiel der sowjetische Gewerkschaftsführer Michail Tomski an der Kampagne Stalins gegen dessen – später in Mexiko ermordeten – Rivalen Leo Trotzki (1879–1940) beteiligt. Ein Jahr später hatte Tomski in der »Prawda« (»Die Wahrheit«) noch launig erklärt, dass »unter der Diktatur des Proletariats zwei, drei oder vier Parteien existieren können, aber unter der einen Bedingung: dass eine von ihnen an der Macht und die anderen im Gefängnis sind«. Doch später wurde auch er selbst samt »Mitverschwörern« im Namen der Partei verhaftet, gefoltert und ermordet.[6]

Schon bis 1938 waren fast alle Gründungskader der Kommunistischen Partei, Abertausende einfache Parteimitglieder aller Ebenen und mehr als 10.000 Offiziere der Roten Armee dem Verschwörungsglauben, dem Terror von Säuberungen, Folterungen und gegenseitigen Beschuldigungen sowie erzwungenen Suiziden zum Opfer gefallen.[7] Traurige Mytho-Logik, dass Stalin nach dem »antifaschistischen« Sieg über das Hitler-Reich ebenfalls zunehmend zum Antisemitismus griff, Juden öffentlich anprangern und wegen einer angeblichen »Ärzteverschwörung« inhaftieren ließ.[8]

Von Adolf Hitler wird in diesem Buch noch öfter die Rede sein. Auch er trieb Millionen in den Tod und nahm sich schließlich feige selbst das Leben – nicht ohne zuvor noch die vermeintlichen jüdischen Weltverschwörer für den von ihm selbst aktiv befeuerten Krieg und den Holocaust verantwortlich zu machen. In seinem politischen Testament schrieb er: »Es werden Jahrhunderte vergehen, aber aus den Ruinen unserer Städte und Kunstdenkmäler wird sich der Haß gegen das letzten Endes verantwortliche Volk immer wieder erneuern, dem wir das alles zu verdanken haben: dem internationalen Judentum und seinen Helfern!«[9] Dass heute ein libertärer Antisemit wie Tilman Knechtel auch in deutscher Sprache unter großem digitalen Zuspruch verkündet, die jüdische Familie Rothschild habe beide Weltkriege, das NS-Regime und den Holocaust entfesselt, um die Gründung des Staates Israel zu erzwingen, erschüttert mich sehr. Denn Knechtel ist nicht nur in der gleichen Stadt wie ich geboren, sondern hat mit vielen anderen genau die politische Weltanschauung vergiftet, die auch mich prägte – den Liberalismus.[10] Die in meiner Jugend noch beliebte »Hufeisen«-Theorie, nach der Verschwörungsglaube nur auf der politischen Rechten und Linken vorkomme, betrachte ich inzwischen als widerlegt.

Als Mitgründer einer christlich-islamischen Gesellschaft und als christlicher Ehemann einer sunnitischen Muslimin ist die Auseinandersetzung mit Rassismus und verschwörungsmythischer Islamfeindlichkeit für mich und uns Alltag. Seit 2015 wurde ich als Leiter des baden-württembergischen Sonderkontingents für besonders schutzbedürftige Frauen und Kinder im Irak mit einer weiteren politisch-religiösen Terror- und Selbstmordsekte konfrontiert: dem selbsternannten »Islamischen Staat« (IS). Gemeinsam mit unseren kurdisch-irakischen Verbündeten konnten mein Team und ich 1.100 vor allem ezidische Frauen und Kinder, die Opfer des IS geworden waren, aus dem Kriegsgebiet ausfliegen.[11]

Unser leitender Psychologe Jan-Ilhan Kizilhan befragte Gefangene des IS und veröffentlichte ein Buch über die »Psychologie des IS«.[12] Denn so bizarr es auch klingen mag: Auch beim IS handelt es sich um eine messianisch-apokalyptische Sekte, die auf der Basis alter Prophezeiungen darauf hofft, dass Jesus an ihrer Seite in die Schlacht ziehen und die Erde von allen »Ungläubigen« reinigen werde. Konfrontiert mit vielen Fragen gerade auch befreundeter Musliminnen und Muslime dazu, konnte ich 2017 in einem Buch Gründe des Zerfalls der einst so großen islamischen Zivilisation analysieren.[13] Am 15. Juni 2020 sagte ich schließlich als Sachverständiger vor dem Oberlandesgericht Frankfurt über die mörderische und selbstmörderische Ideologie des IS aus.

2018 wurde ich auf Vorschlag der jüdischen Landesgemeinden von Landesregierung und Landtag Baden-Württembergs als erster deutscher Regierungsbeauftragter gegen den wiedererstarkenden Antisemitismus berufen. Seitdem begegne ich gemeinsam mit meinen Mitarbeiterinnen und Mitarbeitern dem Verschwörungsglauben buchstäblich täglich, und in Hunderten Veranstaltungen und Interviews habe ich immer tiefere Fragen zu beantworten. Als im März 2019 mein Buch »Warum der Antisemitismus uns alle bedroht«[14] erschien, gab es noch Stimmen, die vor »Alarmismus« warnten. Doch nachdem die antisemitische Terrorserie gegen Synagogen und Moscheen im Oktober des gleichen Jahres Halle erreicht hatte, ging endlich ein Ruck durch die Politik.[15]

Entsprechend kamen die Verschwörungs-Reaktionen auf die Covid-19-Pandemie leider nicht überraschend. Schon im Januar 2020 breiteten sich im deutschsprachigen Netz Beschuldigungen aus, wonach der jüdische Holocaust-Überlebende und Milliardär George Soros das Coronavirus als »Biowaffe« zur Dezimierung der Menschheit entwickelt habe.[16] Nachdem die Pandemie zumindest in Deutschland zunächst gestoppt werden konnte, änderte der Verschwörungsmythos nur seinen Vorwurf, nicht sein Ziel: Nun hieß es, eine jüdisch dominierte Verschwörung von Soros, den Rothschilds und Bill Gates wolle durch das Vortäuschen einer Gefahr eine Weltregierung der NWO – der »Neuen Weltordnung« – errichten.[17]

Oft werde ich gefragt, warum ich angesichts der täglichen Konfrontation mit Hass und Verschwörungsglauben sowie den daraus folgenden Zerstörungen nicht an der Menschheit verzweifeln würde. Doch mit Hans Rosling und weiteren Forschenden wie Steven Pinker, Gerd Koenen sowie Edith Eger sehe ich trotz allem Terror, Elend und neuen Gefahren insgesamt doch einen deutlichen Fortschritt: Noch nie konnten so viele

Menschen lesen und schreiben; die Kindersterblichkeitsraten und Anteile der Kriegstoten sanken, während die Lebenserwartung stieg; zugleich bremsen fallende Geburtenraten das Bevölkerungswachstum.[18] Und wann in der Geschichte haben denn demokratisch gewählte Regierungen andersgläubige Frauen und Kinder aus den Fängen von Terrorgruppen evakuiert, Beauftragte gegen Antisemitismus eingesetzt und Gerichtsverfahren gegen internationale Terrorgruppen unterstützt? Wann in der Geschichte versammelten sich weltweit Millionen, um gemeinsam gegen Rassismus einzustehen, so, wie wir es heute erleben? Zudem hat die Erforschung – und damit auch die Bekämpfung – von Verschwörungsglauben, Antisemitismus und sogenannter »gruppenbezogener Menschenfeindlichkeit« in den vergangenen Jahrzehnten enorme Fortschritte gemacht.

Schon 1951 veröffentlichte Hannah Arendt (1906–1975) ihr Buch »Origins of Totalitarianism«, in dem sie beschrieb, warum die Gefolgschaft von Tyrannen gern belogen werden möchte. 1965 brachte der Historiker Richard Hofstadter (1916–1970) nach langer Vorarbeit das inzwischen legendäre Buch »The Paranoid Style in American Politics« heraus, in dem er aufzeigte, wie Verschwörungsdenken Demokratien bedroht. Und 1967 hielt Theodor Adorno (1903–1969) in Wien den berühmten Vortrag »Aspekte des neuen Rechtsradikalismus« – der so »fresh« ist, dass er 2019 neu aufgelegt wurde.[19] Seitdem sind Hunderte von weiteren, meist weiterführenden Studien und Büchern zum Thema erschienen.

Die Vorstellung, man könnte immer nur »Alarm!« schreien und mit Antisemitismus-Vorwürfen um sich schlagen, ist nicht nur unrealistisch, sondern würde massiven Schaden verursachen. Um es mit der ewigen Erkenntnis von Admiral Ackbar aus »Star Wars« auszurufen: »It's a trap!« – »Es ist eine Falle!«

Statt Verschwörungsgläubigen in den Abgrund zu folgen, plädierte schon Adorno zu Recht darauf, die psychologischen und medialen Mechanismen hinter dem Verschwörungsglauben genau zu erkennen und aufzudecken und dadurch »eine gewisse Entgiftung« zu erreichen.[20]

Denn wir selbst – in den Medien, der Politik, den Wissenschaften, der Öffentlichkeit – füttern derzeit noch zu oft die Falle. Solange wir ihre Fixierungen und immergleichen »Tricks« nicht durchschauen, belohnen wir Verschwörungsverkünder, indem wir ihnen buchstäblich nachlaufen und schenken, was sie zum Mächtigwerden brauchen: unsere Aufmerksamkeit. Und wir entziehen diese damit den Millionen Vernünftigen, Leisen, Konstruktiven, mithin auch den tatsächlich Wissenden und Weisen.

In den Worten des Philosophen Hans Blumenberg (1920–1996): »Wer das handelnde Subjekt der Geschichte ist, wird nicht entdeckt oder bewiesen; das Subjekt der Geschichte wird ›ernannt‹.«[21] Und es war mittels Internet und sozialen Medien noch nie so leicht wie heute, sich durch gezielte Provokationen Aufmerksamkeit zu verschaffen und durch Polarisierung die eigene Gefolgschaft zu vergrößern und an sich zu binden. Dieses Buch will solche Mechanismen aufzeigen. Dazu gehe ich in drei Kapiteln vor.

In Kapitel 1 werde ich »Platons Falle« aus der Perspektive der Hirnforschung und der Ideengeschichte beschreiben. In Kapitel 2 geht es um die Gründe dafür, warum wir alle schon als Kinder rassistische, antisemitische und sexistische Mythen verinnerlicht haben – und wie zum Beispiel Hitler »Mitläufer« erzeugen konnte. In Kapitel 3 werde ich mit Edith Eger argumentieren, dass die Überwindung von falschen Schuldgefühlen und Verschwörungsglauben zwar mühsam ist, aber Freiheit für eine bessere Zukunft schenkt.

In der Presse ist vielfach von »Verschwörungstheorien« die Rede. Der Begriff ist nicht korrekt und zu viel der Ehre für das, worum es geht. Theorien sind wissenschaftlich überprüfbare Erklärungen, und das sind Verschwörungsfantasien gerade nicht. Verschwörungsmythen sind genau das: Mythen. Ihre vermeintliche Glaubwürdigkeit stammt nicht aus wissenschaftlichen Verfahren, sondern aus schierer Verbreitung und lediglich gefühlter Plausibilität.

Viele von uns sitzen unterschiedlich tief in »Platons Falle« des Verschwörungsglaubens und des Dualismus. Und sie wird, daran kann leider kein Zweifel bestehen, auch in Zukunft noch Leben zerstören. Aber die Menschheit ist dabei, aus dieser Falle herauszufinden – umso schneller, je mutiger und neugieriger wir sind. Denn – um diese Einleitung mit den letzten, tiefen Sätzen aus Adornos Vortrag enden zu lassen –: »Wie diese Dinge weitergehen und die Verantwortung dafür, wie sie weitergehen, das ist in letzter Instanz an uns. – Vielen Dank für Ihre Aufmerksamkeit.«[22]

Dr. Michael Blume
20. Juni 2020

1. Platons Falle des Dualismus

»Philosophie in unserem Jahrhundert ist Aufklärung ohne den Glauben an die Unschuld des Denkens.«
Bettina Stangneth (2016)[23]

»Der Tiefgang einer Philosophie misst sich – falls das ein Messen ist – nach ihrer Kraft zum Irren.«
Martin Heidegger (1938/39)[24]

Vielleicht haben Sie sich ja auch schon einmal die Frage gestellt, warum das Deutsche Reich vom »Land der Dichter und Denker« in den 1930er-Jahren zum »Land der Richter und Henker« werden konnte?[25] Die schreckliche Wahrheit ist: gerade darum.

Im Gefolge der Aufklärung wollen wir immer noch glauben, dass Denken »immer gut« wäre – und dass jene, die Böses tun, eben »zu wenig nachgedacht« hätten. Doch inzwischen besteht sowohl aus der Perspektive der Natur- wie auch der Geisteswissen-schaften leider kein Zweifel mehr daran, dass das nicht stimmt.

Wir denken mit einem Säugetiergehirn – »eine etwa 1,4 kg schwere, gefurchte Masse von gallertartig-buttriger Konsistenz«. Die Evolution unserer Art hat uns zwar über 100 Milliarden Neuronen (Nervenzellen) be-schert, aber nicht die Orientierung an ab-strakten Wahrheiten belohnt. »Intellektuelle Einschätzungen etwa sind von körperlichen Reaktionen beeinflusst, die wir als Emotio-nen wahrnehmen.« Die Nervenzellen reichen bis in unsere Zehenspitzen. Jedes Menschen-gehirn prägt sich in sozialen Wechselspielen mit anderen aus. »Manche meinen sogar, dass es sich bis in andere Gehirne erstreckt, mit denen es interagiert.«[26]

Die Gene, aus deren Informationen sich unsere Gehirne entfalten, haben über Millio-nen von Generationen immer und immer wieder den gleichen Test bestanden: Sie mussten an ausreichend viele Nachkommen weitergegeben werden. Das heißt bei sozial lebenden Säugetieren wie unseren Vorfah-ren von klein auf: Sie mussten sich in der eigenen Gruppe bewähren und sich auf diese einstellen. Um es in den Worten der berühmten Anthropologin Sarah Blaffer Hrdy (geb. 1946) zu sagen: »Das gesamte Pleistozän hindurch hing das Überleben von Kindern von deren Fähigkeit ab, den Kontakt zu Müttern und anderen zu halten und sie dazu zu bringen, sich um sie zu kümmern.«[27]

Wahrheit war und ist für menschliche Gehirne daher viel weniger relevant als Zugehörigkeit oder Geborgenheit. Unser Gehirn entwickelte vor allem im frontalen Cortex, dem Bereich über den Augen, soziale Fähigkeiten wie die »Theory of Mind« (ToM), die es uns ermöglicht, uns in andere Menschen einzufühlen. Die meisten Menschen können blitzschnell die Gefühle anderer erfassen und nachvollziehen – schon grobe Anhaltspunkte reichen dafür aus, wie man an Emojis sehen kann, die ja nur aus wenigen Strichen bestehen: :-) fühlt sich anders an als :-/ oder gar :-(

Über ihre starke ToM bestehen die meisten Menschenkinder daher schon am Ende ihres ersten Lebensjahres den Sally-und-Anne-Test: Wenn Sally einen Ball in den Korb getan und Anne ihn später genommen und in eine Schachtel gelegt hat, dann wissen schon Einjährige, dass die wiederkehrende Sally ihn trotzdem zuerst im Korb suchen wird.[28]

Dies aber bedeutet eben auch, dass wir Ereignisse sehr viel schneller und intuitiver einem »Jemand« zuschreiben als einem »Etwas«. Das Auftreten einer Krankheit zum Beispiel können wir viel leichter als Werk von Geistern oder Hexen, als Strafe oder Prüfung eines Gottes auffassen denn als »zufällige« Mutation eines Virus. Dem Kognitionspsychologen Robert McCauley zufolge ist »Religion natürlich, Wissenschaft aber nicht«. Unsere Gehirne springen auf packende Erzählungen von Helden, Monstern und Göttern unmittelbar an, wogegen wir »kontra-intuitives«, wissenschaftliches Denken erst mühsam erlernen müssen.[29]

Und es kommt sogar noch etwas schlimmer: Weil negative Emotionen wie Angst oder Schmerz die Funktion haben, uns vor Gefahren zu warnen, werden sie von unseren Gehirnen tendenziell stärker gewichtet. Wer unsere Aufmerksamkeit haben will, bekommt sie am leichtesten nach dem Motto: »Bad news is good news.« Deshalb brauchen gute Geschichten spannende Schurken – und wenn unser Gehirn keine Gefahren findet, tendiert es dazu, welche zu erfinden.[30] Je sicherer wir leben, desto mehr genießen wir Krimis und Thriller.[31]

Mit den Chancen wie den Fallstricken unseres sozialen Gehirns ringe auch ich, während ich Ihnen diese Zeilen schreibe: Einerseits kann ich nur durch die ToM wenigstens versuchen, zu erspüren, welche Themen und Worte Sie berühren. Sie sind mir als Leserin, als Leser durch soziale Wahrnehmungen (Kognitionen) schon im Moment des Schreibens präsent. Andererseits aber »lockt« mich Twitter ständig suchtartig mit dem Versprechen sozialer Anerkennung (»Likes«), so wie Trolle durch das Ansprechen negativer Emotionen Aufmerksamkeit einfordern. Meine vollständige Abmeldung von Facebook im Herbst 2019 diente auch dem Selbstschutz – vor den Anfälligkeiten meines eigenen Gehirns.[32]

Und schließlich ist unser Gehirn – wie das jedes anderen Erdenwesens – auf einen bestimmten Lebensraum, den Mesokosmos, hin evolviert. Entfernungen des Mikrokosmos (unter 0,1 Millimetern) können wir genauso wenig wahrnehmen wie Entfernungen des Makrokosmos, etwa Lichtjahre. Wenn wir uns den Welten der Quantenphysik oder der Philosophien zuwenden, dann benötigen wir symbolische Bilder, Metaphern, um überhaupt etwas zu verstehen.[33]

Und hier kommen die Mythen ins Spiel: Sie sind kompakte Geschichten, mit denen wir – in den Worten von Hans Blumenberg – den allzu weiten »Horizont als den mythischen ›Rand der Welt‹ zu besetzen« versuchen.[34] Oder simpler gesagt: Wo die Welt zu klein oder zu groß ist, als dass wir sie (be-) greifen könnten, verschafft uns der Mythos so etwas wie einen Haltegriff.

Den meisten Japanerinnen ist völlig klar, dass die Vorfahren ihres Kaisers durch Evolution entstanden sind und nicht von der Sonnengöttin Amaterasu geboren wurden. Doch sie achten den Mythos als Symbol des – ebenfalls mythologischen – Staates. Den meisten Europäern ist völlig klar, dass Menschenrechte vor allem eine Idee sind und sich nicht wiegen lassen, doch sie verbinden mit dem Begriff ein Bündel von Erzählungen, Bildern und Hoffnungen. Den meisten Brasilianerinnen ist völlig klar, dass das Motto »ordem e progresso« (»Ordnung und Fortschritt«) auf ihrer Fahne völlig unterschiedlich verstanden werden kann, ebenso wie die 30 Meter hohe Christusstatue in Rio de Janeiro, und doch kann jede auf ihre eigene Weise daraus Kraft schöpfen. Und die meisten Südafrikaner erkennen in »Star Wars« und den Lehren von Yoda eine ebenso reiche wie fiktive, lose an Ereignissen des 20. Jahrhunderts orientierte Mythologie (und die »böse« Gestalt des Darth Vader ist dabei weltweit bekannter als dessen »guter« Sohn Luke Skywalker).[35]

Eine einfache Definition könnte lauten: »Ein Mythos ist eine symbolische, mit Bedeutung aufgeladene Erzählung, mit der sich Menschen über ihren Mesokosmos hinaus orientieren.« Wissenschaftlich exakter, aber schwerer verständlich formuliert David Atwood: »Unter einem Mythos werden diejenigen Erzählungen verstanden, die durch die Imagination einer paradigmatischen, d. h. bedeutsamen Geschichte die Welt raumzeitlich ordnen und damit Handlungsanweisungen für Individuen wie für Kollektive anbieten.«[36]

Das klingt schwer – und ist es für unser Säugetiergehirn auch –, aber es ist wichtig:

Schon wenn wir eine reale Geschichte, beispielsweise des antiken Ägypten, erzählen, »mythologisieren« wir durch die Auswahl des Beginns, der Hauptakteure (Pharaonen, Bäuerinnen, Eroberer?) und des Endes. Ja, auch wenn Sie oder mich jemand auffordert: »Erzählen Sie doch mal von sich!«, so werden wir spontan einen Mythos über uns selbst anlegen, um Wirkungen bei der oder dem Fragenden zu erzielen. Wir werden idealerweise nicht lügen, aber wir werden in einem Bewerbungsgespräch andere Aspekte zur Sprache bringen als auf einer Party, bei einem Date oder in einem Verhör. Einen Menschen, der darauf bestehen würde, allen sein ganzes Leben ohne Auslassung und ohne Unterschiede zu erzählen, würden wir zu Recht als sozial gestört empfinden. Abhängig vom Zuhörer, erschaffen wir verschiedene Bilder von uns und unserer Welt. Wir erzeugen, so Yuval Noah Harari, individuelle wie auch kollektive Identitäten »in den Geschichten, die wir Menschen erfinden und einander erzählen. Götter, Nationen, Geld, Menschenrechte und Gesetze gibt es gar nicht – sie existieren nur in unserer kollektiven Vorstellungswelt.« Und: »Die Ge-

schichten, die sich moderne Juristen erzählen, sind sogar noch viel sonderbarer als die
der alten Schamanen.«[37]

Der Mensch
»als armes oder reiches Wesen«

Hier nun aber lauert sie, die große Falle.
Denn wie Blumenberg richtig bemerkt hat,
lässt sich nach diesen Erkenntnissen die gesamte Diskussion über das Leben des Menschen »auf *eine* Alternative reduzieren: der
Mensch als armes oder reiches Wesen«.[38]

Wenn Menschen »arme« Wesen sind,
dann haben sie keinen Zugang zur Wahrheit. Genau das ist die Aussage des mäch-
tigsten Mythos des griechischen Philosophen Platon (428–348 v. Chr.), bekannt als
»Höhlengleichnis«. In diesem Gleichnis sind
die Menschen in einer unterirdischen Höhle
festgebunden und können nur Schatten sehen, die ihnen von Gauklern mithilfe eines
Feuers an eine Wand getrickst werden und
die sie für die Dinge selbst halten. Erst
wenn ein Mensch befreit wird und die
Höhle verlässt, kann er das Licht und die

Dinge sehen, wie sie in Wahrheit sind. Dementsprechend führt der Platonismus zu einem Misstrauen gegen andere Menschen (Gaukler und Irreführer!), gerade auch gegen Wissenschaften mit ihrem Anspruch auf Objektivität. Hoffnung könne dagegen nur ein erleuchteter Lehrer, ein Befreier, ein Messias stiften, der den Menschen der Täuschung entreißt.[39]

Platon legte das Höhlengleichnis seinem Lehrer Sokrates (469–399 v. Chr.) in den Mund, sah ihn aber noch nicht als Befreier aus der Höhle. Er empfahl, eine Staatsform anzustreben, in der »der Stand der Philosophen zur Herrschaft über den Staat« gelange. Da die Menschen jedoch noch in der Höhle gefangen seien, bedürfe es dazu eines Führers in die Freiheit: »Es braucht aber nur ein einziger zu erstehen, so wird er, wenn er über einen folgsamen Staat verfügt, imstande sein, alles das zu verwirklichen, was man jetzt für unglaublich hält.«[40]

Platons Mythos von den durch Täuschung und Ketten im Dunkel der Höhle Gefangenen wird zum Ur-Verschwörungsmythos für die abendländisch-westlich Gebildeten – er ist es bis heute. Das Höhlengleichnis erklärt mytho-logisch zugleich die Sehnsucht nach einem erlösenden Führer, die »Tyranno-philie«.[41]

Einen »reichen« Menschen sah Blumen-berg dagegen exemplarisch im römischen Redner Cicero (106–43 v. Chr.), der »vom möglichen Wahrheitsbesitz« ausgehe.[42] In dem Fall macht das Forschen und Reden in Gemeinschaften Sinn, und andere – auch Andersdenkende – können zu Wegbeglei-tenden werden. Dann können uns sowohl wissenschaftliche Beobachtungen und ma-thematische Formeln als auch menschliche Mythen Schritt für Schritt der Wahrheit nä-herbringen. In den Worten von Cicero: »So kommt es, dass durch eine bildhafte und plastische Vorstellung Dinge, die nicht sicht-bar und dem Urteil des Gesichts entzogen sind, auf solche Art bezeichnet werden, daß wir etwas, daß wir durch Denken kaum er-fassen können, gleichsam durch Anschau-ung behalten.«[43] Lehrer, Befreier, Erlöser wären in dieser Hinsicht gar nicht ausge-schlossen, müssten ihre Verkündungen aber an der Wahrheit selbst überprüfen lassen. Sie wären Wegbegleiter, aber nicht die buch-stäblich »letzte Hoffnung« in einer von Täuschungen und Verschwörungen beherrschten Welt.

Die enorme Tragweite dieser scheinbar kleinen Unterscheidung von »arm« und »reich« verdeutlichte Blumenberg am Begriff »Konsens« des ebenfalls griechischen Philosophen Aristoteles (384–322 v. Chr.). Ein Konsens in einer Gruppe »arm« gedachter Menschen könne letztlich nur auf die sofortige und völlige Befreiung aus der Höhle (bzw. Aufdeckung der Weltverschwörung) hinauslaufen. Auf den Pfaden des Platonismus gelte: »Das Programm der Philosophie gewinnt oder verliert, aber es wirft keinen Ertrag auf Raten ab.«[44] In der platonischen Verschwörungsmythologie gibt es keine Teilerfolge, es geht immer ums Ganze. Laut Hans Küng entstanden aus der Verschmelzung des »mittleren Platonismus« mit jüdischen, christlichen und iranisch-dualistischen Mythen unzählige Traditionen vermeintlicher Geheimlehren. Die Gnosis (griechisch: Erkenntnis, Wissen) schwoll zu einer »verbreiteten religiösen Denkform, Haltung und Stimmung« an, die von sich behauptete, den »Ursprung des Bösen« und den »Weg zur Erlösung« durch geheime, auch magische »Erkenntnis« weisen zu können. Dazu gehörten wiederkehrende Sehnsüchte nach einem befreienden »Erlöser, Befreier, Offenbarer, Boten«.[45] Bis heute strahlen gerade auch aus Deutschland unzählige Varianten der Esoterik, Homöopathie, Theo- und Anthroposophie weltweit aus, nicht selten verbunden mit Skepsis gegen Wissenschaften und Schulmedizin sowie leider oft mit Rassismus und Antisemitismus.[46]

Dagegen könne, ja müsse der Konsens »reich« gedachter Menschen durch die Einbeziehung immer neuer Perspektiven Generation für Generation weiterentwickelt werden. »Der entscheidende Unterschied besteht in der Dimension der Zeit.«[47] Wo die vermeintlich angeketteten Menschen in ihrer Höhle unter wachsendem Zeit- und Krisendruck der möglichst schnellen Befreiung durch einen Lehrer und Anführer zu »Erwachten« und »Wissenden« (griechisch: Gnostikern) harren, gelte für »reiche« Menschen: »Wissenschaft kann warten«.[48] Was heute noch nicht entdeckt wird – vielleicht noch gar nicht entdeckt werden kann –, kann eben durch die nächste Generation erkundet werden, solange sich ausreichend »reiche«, also forschende und redende Menschen dazu finden. Wo erkenntnistheoretisch »arme« Menschen eine Höhlenwand wahrnehmen, schreiten blumenbergsch »reiche« Menschen in eine offene Zukunft. Es ist offensichtlich, dass in diesem Sinne »arme« Menschen anfälliger für Schwarzweißmalereien, umfassende Heilsversprechen und schnelle Lösungen sind als »reiche«, die sich ein differenziertes Bild der Lage verschaffen können und wollen.

Tatsächlich warnte der große römische Rhetoriker Cicero vor der zerstörerischen Macht der unregulierten griechischen Volksversammlungen, vor »den unüberlegten Willensäußerungen einer sitzenden Menge«. Dies habe es Agitatoren erlaubt, das Publikum in stundenlangen Reden aufzuhetzen, und Griechenland »zugrundegerichtet«. Denn sie beschlossen »unnötige Kriege«, setzten »aufwieglerische Gesellen an die Spitze der Regierung« und »schickten ihre verdientesten Mitglieder in die Verbannung«. Im Gegensatz zu dieser zerstörerischen Hetze hätten die tradierten Regeln Roms »in ihrer Weisheit und Besonnenheit«

das Stehen auf dem Forum – und damit die Begrenzung der Redezeit – sowie das mehrtägige Aushängen von Anträgen vor der finalen Abstimmung vorgeschrieben.[49] Cicero plädierte also für das, was wir Heutigen republikanische Gewaltenteilung, Zeit für parlamentarische Lesungen und Debatten sowie wissenschaftliche Begutachtung nennen.[50]

Platon beschrieb seinen Lehrer Sokrates im Höhlengleichnis als »arm«: Er habe die Gefangenen-Situation zwar erkannt, sei aber noch nicht der Befreier gewesen. Im Hintergrund dieser bitteren Schilderung stand, dass Sokrates durch einen Mehrheitsbeschluss zum Tode verurteilt worden war und eine Flucht aus Athen verweigert hatte. So verband sich der Platonismus von Anfang an mit Demokratieverachtung und unterdrückten Gefühlen von Schuld und Wut.

Cicero dagegen schilderte sich weder als ersten noch als letzten Erkennenden, sondern schlicht als einen, der aus der Vergangenheit schöpfte, um eine bessere Zukunft zu entwerfen. Wahrheit erschließe sich Stück für Stück in aufsteigender Zeit und wachsender Gemeinschaft – was letztendlich allen zugutekomme. Die Philosophin Martha Nussbaum fasste diesen erkenntnistheoretisch optimistischen und Menschen als »reich« achtenden Gedanken im Schlusssatz ihres Cicero-Buches deshalb in dem Satz zusammen: »Die Tore der kosmischen Stadt müssen sich allen öffnen.«[51]

Monismus versus Dualismus im Judentum

Wenn der Unterschied zwischen dem Denken in der Haltung eines »armen« Verschwörungsopfers oder einer »reichen« Mitentdeckerin der Wahrheit aber tatsächlich auf unsere Gehirnfunktionen zurückgehen sollte, dann sollte dieser Gegensatz nicht nur in der griechisch-römischen Philosophie aufgetreten sein.

Und tatsächlich finden wir ihn als Gegensatz zwischen Monismus und Dualismus auch in den semitischen Religionen. Rabbi Lord Jonathan Sacks wies darauf hin, dass es bis ins zweite Jahrhundert nach Christus jüdisch-dualistische Gruppen gegeben habe, die die Lehre von den »zwei Welten« (hebrä-

isch: *shtei reshuyot*) von einem verschwörerischen Weltreich und der eigenen Heiligkeit gelehrt hätten. Selbst die Gottesdienste
anderer Juden, geschweige denn anderer
Völker, seien damit als Auswüchse eines täu-
schenden Gegengottes, eines satanischen
Demiurgen, abgetan worden. Die frühen
Rabbinen seien dagegen eingeschritten, indem sie schon das Morgengebet strikt mono-
theistisch und monistisch gestaltet und jede
Vorstellung eines Teufels als Gegengott verworfen hätten.[52]

So heißt es im täglichen jüdischen Morgengebet bis heute: »Wahrhaftig, Du bist der
Erste, und Du bist der Letzte, und außer Dir
gibt es keinen Gott. Sammle ein die Zerstreu-
ten, die sich nach Dir sehnen, aus den vier
Winkeln der Welt. Lass alle Menschheit erkennen und wissen, dass Du allein Gott bist
über alle Königreiche auf der Erde.«[53]

So konnte sich im rabbinischen Judentum
zusätzlich zum Gedanken der eigenen Er-
wählung eine Wertschätzung nicht nur von
Wissenschaften, sondern auch des biblischen Noahbundes als »Tora für die Völker«
entfalten. Schon im zweiten Jahrhundert
nach Christus bekräftigte Rabbi Meïr, dass

ein Nichtjude, »der sich mit der Tora beschäftigt, wie ein Hohepriester« gelte.[54]

Entsprechend kombinierte der jüdische Gelehrte und Arzt Maimonides (1136–1204) das biblische Wort von der »Ebenbildlichkeit« des Menschen in Gott und die aristotelische Konsens-Philosophie zur Lehrpflicht für alle Menschen: Menschen seien verpflichtet, in jedem Kind – unabhängig von Geschlecht, Religion, Hautfarbe o. Ä. – die von Gott her angelegte Vernunft und weitere Potentiale zu entfalten.[55] Der Buchtitel »Führer der Unschlüssigen« präsentiert dabei den Führer gerade nicht als Feinde vernichtenden Erlöser, sondern als Lehrer und Begleiter auf der gemeinsamen Suche nach weiterer Wahrheit.

Diese biblisch-semitische Lehre des Maimonides vom wahrhaftig »reichen« Menschen übernahm wiederum der christliche Gelehrte und bewusst in deutscher Volkssprache predigende Meister Eckhart (1260–1328); er schuf so das vielleicht mächtigste und wichtigste Wort des Deutschen: Bildung.[56] Hier haben – oder besser: hatten – wir also eine nicht-platonische, monistische Mystik, die Wahrheit nicht als Esoterik (Geheimwissen) in einer verschwörerischen Welt verstand, sondern als bereits im Moment der Geburt angelegten Schatz in jedem Menschen.

Sogar die Gefahren des Denkens und Forschens wurden bereits in der frühen rabbinischen Auslegung der Bibel diskutiert. Im Babylonischen Talmud wird die Geschichte vom »Pardes« überliefert: Vier große Gelehrte betraten den Paradiesgarten, wo die Schekina, die göttliche Weisheit, ihren Wohnsitz hat. »Ben Azzai sah sie und starb. Ben Zoma verlor den Verstand, Ben Abuja seinen Glauben. Nur Rabbi Akiba trat in Frieden ein und verließ den Garten in Frieden.«[57]

Interessanterweise entdeckte auch der Holocaust-Überlebende und Friedensnobelpreisträger Elie Wiesel (1928–2016) in dieser mythologischen Geschichte parallel zu Blumenberg das Geheimnis der Zeit. Nur Rabbi Akiba habe sich selbst »in Frieden« ausreichend Ruhe und Abstand gegeben und seine Gefährten noch vor zu schnellen Schlüssen und also »Lügen« zu warnen versucht. Doch die Gefährten hätten – gewissermaßen platonisch – sofort die ganze Wahrheit erfassen, alles auf einmal entdecken wollen. In den Worten Wiesels: »Alle wollten zu schnell gehen. Sie vergaßen, daß der menschliche Rhythmus für die Menschen zugleich Hindernis und Zuflucht bedeutet. Wer ihn durchbricht, läuft Gefahr, zu fallen.«[58]

Für den bekannten Rabbiner und Kabbalisten Adin Steinsaltz (geb. 1937) bleibt der menschliche Geist im Leben an die Materie und also an die Naturgesetze gebunden. »So weit sich auch das Denken von der sogenannten Realität gelöst und getrennt haben mag, so gehört es doch noch immer zur Welt der Tätigkeit.«[59] Genau diese Freiheit zwischen den materiellen und geistigen Welten zeichne den Menschen auch im Gegensatz etwa zu den Engeln aus. Der Mensch könne also sowohl Gutes wie Böses tun – und zu diesem in beide Richtungen möglichen Tun gehöre auch das Denken und Unterscheiden. »Es ist diese Fähigkeit, die es ihm ermöglicht, zu großen Höhen aufzusteigen, und umgekehrt die Möglichkeit schafft, zu versagen und auf die schiefe Bahn zu geraten.«[60]

Nach jüdischer Lehre können sich also Menschen in der platonischen Höhle des

Verschwörungsglaubens selbst verfangen. Laut Lord Sacks ist »es nicht schwer, zu sehen, wie eines zum anderen führt«, denn aus platonischen und generell dualistischen Lehren folge: »Gute Dinge unterbleiben, weil sie jemand verhindert: der Teufel, Satan, der dunkle Prinz, der Böse, Luzifer, der Antichrist. Hier ist nicht Theologie am Werk, sondern eine grundlegende Struktur des Denkens.«[61]

Dies sei auch der Grund dafür, so Sacks, dass es selbst unter »Deutschlands herausragenden Denkern« Unterstützer des Nazismus gegeben habe, darunter »der Bibelgelehrte Gerhard Kittel, der Philosoph Martin Heidegger und der Rechtswissenschaftler Carl Schmitt«.[62]

Der August Bebel (1840–1913) zugeschriebene Satz »Antisemitismus ist der Sozialismus der dummen Kerls« würde demnach die Gefahren des Verschwörungsglaubens noch deutlich unterschätzen: Gerade auch hochgebildete Intellektuelle könnten sich selbst in ein dualistisches Weltbild eingraben, in dem sie von bösen Weltverschwörern an der Erkenntnis der Wahrheit gehindert würden und aus dem sie nur durch einen tyrannischen Erlöser befreit werden könnten.[63] Und diesen Weg in ein – gern auch gelogenes – Freund-Feind-Denken beschrieb Hitler, und er fand bereitwillige »Mitdenker« bis in höchste Gelehrtenkreise hinein.

Die Wirkungen von Feindbildern

Nach der Niederlage des Ersten Weltkrieges berappelten sich die Wissenschaften in der Weimarer Republik durch eine insgesamt bildungshungrige, demografisch aufstrebende Gesellschaft. Das »deutsche Genie« wurde – und wird teilweise wieder – weit über Deutschland hinaus gefeiert: »In den frühen Jahrzehnten des zwanzigsten Jahrhunderts führten deutsche Künstler, Schriftsteller, Gelehrte, Philosophen, Wissenschaftler und Ingenieure ihr Land zu neuen Höhen, und um 1933 hatte Deutschland mehr Nobelpreise als jedes andere Land der Erde gewonnen, mehr als Großbritannien und die USA zusammen.«[64]

Doch formale Bildung allein schützte offensichtlich nicht vor platonischem, dualistischem und autoritärem Denken. Auch in der Wahrnehmung anderer europäischer Nationen schwankte Deutschland schon im 19. Jahrhundert zwischen den Selbstbildern »Dichter und Denker« oder »Richter und Henker«. Mal präsentierten sich Deutsche als »harmlose Gelehrte, verträumte Studenten, platonisch Verlobte«, dann wiederum als »Boche« – gewalttätige Dickschädel.[65] Eine antichinesische »Wütet-wie-die-Hunnen«-Rede von Kaiser Wilhelm II. (1859–1941) an deutsche Soldaten trug den Deutschen den Spitznamen »Huns« ein. Auch der britische Historiker Alan J. P. Taylor (1906–1990) staunte über die »Geschichte der Deutschen« als »eine Geschichte der Extreme«, in der die »transzendentalsten Philosophen« neben den »rücksichtslosesten und skrupellosesten Politikern« standen.[66]

Wir sehen jetzt den Zusammenhang: Gerade auch viele der klügsten deutsch-platonischen Köpfe dachten sich in Verschwörungsglauben, Dualismus und schließlich Tyrannophilie hinab – zumal sie damit auch demokratische und jüdische Konkurrenten loswerden konnten. Mehr als die Hälfte aller Teilnehmer der Wannseekonferenz zur sogenannten »Endlösung der Judenfrage« trugen Doktortitel. 41 Prozent der SS-Offiziere hatten eine Universitätsausbildung absolviert, weit über dem damaligen Bevölkerungsschnitt von zwei Prozent hinaus.[67] Tatsächlich gab es praktisch keinen Bereich der Wissenschaften, für den das NS-Regime nicht schnell formal hochgebildete und willige Nationalsozialisten aufzubieten hatte. So ist bis heute (2020) der juristisch maßgebliche, in 79. Ausgabe vorliegende Kommentar zum Bürgerlichen Gesetzbuch nach dem führenden NS-Juristen Otto Palandt (1877–1951) benannt.[68]

Hitlers »Kronjurist« Carl Schmitt (1888–1985) trat 1933 in die NSDAP ein und forderte 1936 »die deutsche Rechtswissenschaft« zum »Kampf gegen den jüdischen Geist« auf. Die Zerschlagung der demokratischen Strukturen der Weimarer Republik rechtfertigte er mit dem Ausspruch: »Der Führer schützt das Recht.« Dennoch versicherte er nach dem Krieg seinem russischen Verhörbeamten: »Ich habe das Virus des Nationalsozialismus geschluckt, wurde aber nicht infiziert.« Er kam tatsächlich frei und zog zurück in seine Heimatstadt Plettenberg.

Erst nach seinem Tod wurden weitere Schriften von ihm publiziert, die seinen unerbittlichen Antisemitismus und Dualismus auch noch Jahrzehnte nach dem Untergang des NS-Regimes dokumentierten.[69] Und doch fanden – und finden! – sich Bewunderer Schmitts auch in der politischen Linken, bedient doch seine Definition des »Politischen« Dualisten und Platoniker perfekt: »Die spezifisch politische Unterscheidung, auf welche sich die politischen Handlungen und Motive zurückführen lassen, ist die Unterscheidung von Freund und Feind.«[70]

Denn die gefährliche Schlussfolgerung aus dem platonischen Verschwörungsmythos ist, dass alles Erkennen in der Welt bedeutungslos – täuschendes Schattenspiel – sei, bis endlich der wahre, täuschende Feind identifiziert und besiegt sei. Der Einfluss starker Feindbilder und damit des Dualismus auf Erzählungen ist so stark, dass der Drehbuchautor James Frey sogar meinte: »In gewissem Sinne ist der Bösewicht der Autor der Geschichte.«[71]

In seinem Buch über die Evolution des menschlichen Geschichtenerzählens präsentiert Jonathan Gottschall (geb. 1972) dazu in zwei Kurzgeschichten ein Experiment, das Sie hier in Kurzform nachempfinden können:

In der ersten Geschichte gehen die dreijährige Lily und ihr Vater einkaufen. Dabei fällt ihnen beiläufig ein »kurzer Mann« mit »Sonnenbrille und einer roten Baseballkappe« auf. Als Lily um eine bestimmte Sorte »gezuckerter Flocken« bittet, liest der Vater aufmerksam die Inhaltsstoffe. Doch als er seiner Tochter erklären will, dass diese nicht in Frage kommen, ist Lily verschwunden – ebenso wie der Mann.

Auch in der zweiten Version der Geschichte gehen Lily und ihr Vater einkaufen. Ihnen fällt niemand besonders auf. Als der Vater dem Kind erklärt, dass die gewünschten Flocken ungesund seien, stampft und schmollt die Kleine, bis er schließlich nachgibt. Die beiden einigen sich darauf, die Einkaufsliste abzuarbeiten und »keine Angst vor Mami« zu haben, die sicher schimpfen wird. Dann fahren sie nach Hause und bleiben eine glückliche Familie.[72]

Gottschall fragt: Welche Geschichte erscheint Ihnen spannender? Welche würden Sie gern weiterlesen? Und er greift mit diesem kleinen Experiment eine Frage aus der »Poetik« des Aristoteles (384–322 v. Chr.) auf: Warum springen wir eigentlich stärker auf Geschichten an, die unsere Ängste ansprechen und von möglichen Feinden handeln?

Heute gelten die Hintergründe unserer Aufmerksamkeits-Präferenz für Böses als interdisziplinär gesichert: Alle komplexeren Nervensysteme von Säugetieren tendieren dazu, zuerst mögliche Gefahren zu erkennen und zu bearbeiten. Es ist sehr viel günstiger, 20-mal einen Busch für einen Bären zu halten als ein einziges Mal einen Bären für einen Busch. Doch in Kombination mit der Geschwindigkeit digitaler Medien kann diese Präferenz zu einem Strom von Gefahrenmeldungen und -bildern führen. Bernhard Pörksen warnt vor einer »Dynamik der unmittelbaren Eskalation« und dem ständigen »Schock der direkten Gegenwart, der totalen Präsenz des Ereignisses«.[73]

Unsere Vorfahrinnen und Vorfahren formten sich über Jahrhunderttausende hinweg in komplexen sozialen Gruppen. Wer früh trainierte, böse von guten Absichten zu unterscheiden, war klar im Vorteil. Tatsächlich bestätigen Befunde der Hirnforschung, dass Menschen, die viele Romane lesen, damit ihre sozialen und empathischen (mitfühlenden) Gehirnfunktionen trainieren.[74]

Und wer als guter Zuhörer und später gar als fesselnde Erzählerin am Gemeinschaftserleben mitwirkte, stärkte die Gruppe und die eigene Position darin. Eine Studie zu den noch immer als Wildbeutern lebenden Agta auf den Philippinen bestätigte inzwischen diesen vermuteten Effekt: So wiesen jene umherziehenden Agta-Gruppen, die gegenüber den Forscherinnen und Forschern eine höhere Zahl an begabten Erzählerinnen und Erzählern identifizierten, untereinander auch eine stärkere Kooperationsbereitschaft in Experiment-Spielen auf. Und auch die erfolgreich Darbietenden hatten etwas davon: Die von den Gruppenmitgliedern hervorgehobenen, sowohl weiblichen wie männlichen Erzählenden waren als Kooperationspartner besonders angesehen und hatten im Durchschnitt mehr Nachkommen – nicht weniger als der Goldstandard der Evolution! Offensichtlich zahlt sich gekonntes Erzählen seit langem auch biologisch aus.[75]

Erfolgreiche Romane handeln bis heute

meist von tiefen Konflikten und großen Schwierigkeiten – oder wie es Charles Baxter einmal formuliert hat: »Die Hölle ist Storyfreundlich.«[76] Wer dagegen eine spannende Geschichte aus dem Paradies schreiben will, muss auch weiterhin darüber schreiben, wie das Böse in dieses einbricht.

James Frey bezeichnet das dualistische Gegeneinander von Heldin und Bösewicht daher sogar als »die beiden Säulen der mythisch ausgerichteten Geschichte«. Dabei sei es der Schurke, »der den Helden dazu bewegt, die Alltagswelt zu verlassen«. Selbst wenn er kaum aktiv auftrete, müsse der »Plot hinter dem Plot« auf ihn zurückgehen. Daher dürften böse Figuren weder dumm noch schwach sein. »Gute Geschichten entstehen aus den Machenschaften zweier gleichwertiger Gegner.« Besonders wirkungsvoll sei es, »wenn der Bösewicht einem Unrechtsregime wie beispielsweise den Nazis dient«. Dann könne er »sich durchaus für einen bösen Zweck aufopfern; das macht ihn für den Leser nicht weniger böse«.[77]

Zu einer Geschichte der Comic-Bösewichter (»Villains« – »Schurken«) meint der ebenso erfolgreiche wie in der Szene umstrittene

Autor John Byrne (geb. 1950) knapp: »Gutes kann nicht ohne Böses funktionieren.« Schon die ältesten Mythen der Menschheit seien so gestrickt: »Warum starb ein Kind? Böse Geister. Warum verbrannte die Ernte eines Mannes? Böse Dämonen.« Sein Kollege Peter David (geb. 1956) spitzt weiter zu: »Da die Helden nur existieren, um die Bösewichte zu stoppen, werden die Helden gleichermaßen durch ihre Bösewichte definiert.«[78] Reinhard Olschanski entschlüsselt daher den »Willen zum Feind« als das Kernstück aller populistischen Rhetorik schon seit der Antike.[79]

Überraschend ist also nicht, dass auch Adolf Hitler dies wusste – sondern dass er sogar schriftlich einräumte, für sein Feindbild bereitwillig zu lügen! So schrieb er bereits 1925 in »Mein Kampf«, dass »die Kunst aller wahrhaft großen Volksführer zu allen Zeiten« darin bestanden habe, »die Aufmerksamkeit eines Volkes nicht zu zersplittern, sondern immer auf einen einzigen Gegner zu konzentrieren«. Dabei dürfe gern gelogen werden, denn: »Es gehört zur Genialität eines großen Führers, selbst auseinanderliegende Gegner immer nur als zu einer Kategorie gehörend erscheinen zu lassen, weil die Erkenntnis verschiedener Feinde bei schwächlichen und unsicheren Charakteren nur zu leicht zum Anfang des Zweifels am eigenen Recht führt.«[80]

Diese Strategie des Dualismus und konkret Antisemitismus – gern auch um den Preis der Lüge – war Hitler so wichtig, dass er sie noch mehrfach wiederholte: »Sowie die schwankende Masse sich im Kampfe gegen zu viele Feinde sieht, wird sich sofort die Objektivität einstellen und die Frage aufwerfen, ob denn nun auch wirklich alle anderen unrecht haben und nur das eigene Volk oder die eigene Bewegung allein sich im Recht befinde? Damit aber kommt auch schon die erste Lähmung der eigenen Kraft.«[81]

Das vernünftige und wissenschaftliche Ideal der Objektivität – das Betrachten der Wirklichkeit von einem möglichst neutralen, am besten vielfältigen Standpunkt aus – wird in Hitlers Rhetorik zu einem Problem, führt zu einer »Lähmung der eigenen Kraft«: »Daher muss auch eine Vielzahl von innerlich verschiedenen Gegnern immer zusammengefasst werden, so, daß in der Einsicht der Masse der eigenen Anhänger der Kampf doch nur gegen einen Feind allein geführt wird. Dies stärkt dann den Glauben an das eigene Recht und steigert die Erbitterung gegen den Angreifer auf dasselbe.«[82]

Auch in der Stilisierung seiner eigenen Biografie griff Hitler auf dieses Schema zurück. So sei er »damals noch kindlich genug« gewesen, um mit Juden zu diskutieren, »ihnen den Wahnsinn ihrer Lehre klarmachen zu wollen«. Doch dann sei ihm aufgegangen, dass sie Sozialdemokratie und Marxismus erfunden hätten, um das deutsche Volk zu spalten und zu vernichten: »Je mehr ich den Juden kennenlernte, umso mehr mußte ich dem Arbeiter verzeihen.« Schließlich habe er erkannt, dass »die einstigen Urheber dieser Völkerkrankheit wahre Teufel gewesen« seien. Denn »nur in dem Gehirne eines Ungeheuers – nicht eines Menschen – konnte dann der Plan zu einer Organisation sinnvolle Gestalt annehmen, deren Tätigkeit als Schlußergebnis zum Zusammenbruch der menschlichen Kultur und damit zur Verödung der Welt führen muß.« So sei er »vom schwächlichen Weltbürger zum fanatischen Antisemiten geworden«. Seine Feindesrede gegen die vermeintliche jüdisch-marxistisch-satanistische Weltverschwörung gipfelt in dem am meisten zitierten, dualistischen Satz des Buches: »Indem ich mich des Juden erwehre, kämpfe ich für das Werk des Herrn.«[83]

Die Konstruktion eines ewigen, ja teuflischen Feindes, der sich jedem echten Dialog verweigere und auf die Zerstörung der ganzen Menschheit, ja auf die Negierung Gottes hinarbeite, bildete den Kern des hitlerschen Selbst- und Weltverständnisses. Und der spätere Kriegstreiber und Massenmörder hatte keine Schwierigkeit, Abertausende auch akademisch Gebildete zu finden, die seinen Dualismus, Rassismus und Antisemitismus mittrugen. Viele von ihnen glaubten, er könne der Befreier aus dem Höhlengefängnis sein.

Fuchs in selbstgebauter Falle: Martin Heidegger

Ein besonders beunruhigendes Beispiel ist der Philosoph Martin Heidegger (1889–1976), der in meiner Heimat Baden-Württemberg, vor allem im schönen Freiburg lebte. Heidegger war mit Sicherheit einer der klügsten und meistbelesenen Köpfe seiner Zeit. Er lebte weder in Armut noch in Unsicherheit, war beruflich wie auch gesellschaftlich und amourös erfolgreich. Zudem hatte er jahrelange positive Erfahrungen auch mit Jüdinnen und Juden gemacht.

So war Heidegger Schüler und Assistent des großen österreichisch-jüdischen Gelehrten Edmund Husserl (1859–1938) gewesen und hatte diesem sein erstes Hauptwerk »Sein und Zeit« (1927) gewidmet. Gerade zum verheirateten und beamteten Professor der Philosophie aufgestiegen, gewann er auch den berühmten Philosophen Karl Jaspers (1883–1969) zum Kollegen und Freund. Zudem waren ihm Studierende aus ganz Europa zugeströmt – darunter die junge Hannah Arendt (1906–1975). Mit gerade einmal 18 Jahren wurde die Hannoveraner Jüdin nicht nur Heideggers Schülerin, sondern auch seine Geliebte. Die beiden teilten miteinander zärtliche Briefe und suchten ein Leben lang immer wieder Kontakt.[84]

Noch 1969, wenige Jahre vor beider Tod, erinnerte sich die inzwischen international berühmte Politikwissenschaftlerin Arendt in einem Gedenkaufsatz für eine US-amerikanische Zeitschrift an die damalige Begeisterung für Heidegger. Sie memorierte »das Gerücht vom heimlichen König« und schilderte die damaligen Erwartungen: »Das Denken ist wieder lebendig geworden, die totgeglaubten Bildungsschätze der Vergangenheit werden zum Sprechen gebracht, wobei sich herausstellt, dass sie ganz andere Dinge vorbringen, als man misstrauisch vermutet hat. Es gibt einen Lehrer; man kann vielleicht das Denken lernen.«[85]

Doch am 18. Dezember 1931 hatte der »heimliche König« Heidegger seinem Bruder das Buch »Mein Kampf« von Adolf Hitler geschickt, den er in seinem Weihnachtsbrief als Politiker rühmte, der »einen ungewöhnlichen und sicheren, politischen Instinkt hat und eben schon gehabt hat, wo wir alle noch benebelt waren, das darf kein Einsichtiger mehr bestreiten. Der nationalsozialistischen Bewegung werden künftig noch ganz andere Kräfte zuwachsen. Es geht nicht um kleine Parteipolitik mehr – sondern um Rettung oder Untergang Europas und der abendländischen Kultur.«[86]

Der große Denker Heidegger, den viele bis heute für den bedeutendsten Philosophen am Anfang des 20. Jahrhunderts halten, trat der NSDAP bei und ließ sich nach der Machtergreifung der Nazis zum Rektor der Universität Freiburg erheben. Ohne erkennbare Gewissensbisse verleugnete er seinen jüdischen Lehrer Husserl und seine jüdische Schülerin Arendt, ließ auch seinen mit einer Jüdin verheirateten Freund und Kollegen Jaspers schmählich im Stich. Stattdessen raunte er, das »Weltjudentum« betreibe »die Entwurzelung alles Seienden aus dem Sein« und stehe für das »Prinzip der Zerstörung«. Während die Massenmorde des Holocaust bereits stattfanden – von denen er als Lehrer und Vater von Soldaten wusste –, deutete er diese bereits als »Selbstvernichtung« – »die Judenschaft« habe ihre Zerstörung über sich selbst gebracht![87]

Und selbst als Jaspers und Arendt nach dem Untergang des NS-Regimes wieder auf ihn zugingen, war Heidegger nicht in der Lage, wirklich um Entschuldigung zu bitten. Stattdessen beharrte er darauf, doch selbst ein Opfer gewesen zu sein. »Auch als ihn der damals junge Philosoph Jürgen Habermas erst brieflich und dann auch öffentlich mit NS-freundlichen Aussagen in alten und neuen Textausgaben konfrontierte, verweigerte sich der große Denker jeder Reaktion.«[88] Genüber dem Schriftsteller Ernst Jünger (1895–1998) erklärte Heidegger sogar, er werde sich erst dann für seine Nazi-Vergangenheit entschuldigen, wenn zuvor Hitler wiederauferstehen und sich bei ihm entschuldigen würde. Hannah Arendt verglich ihn schließlich in einem Tagebucheintrag resigniert mit einem Fuchs, der »zeitlebens in einer Falle sitzt«.[89]

Und tatsächlich lässt sich der Weg in die platonische Falle in Heideggers Fall bestürzend genau nachzeichnen. Heideggers Vater war Küster der katholischen Kirche St. Martin am Schloss in Meßkirch; der Sohn bekam den Namen des Kirchenheiligen. Gefördert vom antisemitischen, später aber auch mutig NS-kritischen Geistlichen und späteren Erzbischof Conrad Gröber (1872–1948) begann er im Winter 1909/1910 in Freiburg katholische Theologie zu studieren. 1954 meinte er in einem Rückblick: »Ohne diese theologische Herkunft wäre ich nie auf den Weg des Denkens gelangt.«[90]

Allerdings verlor er den Zugang zu einem vertrauenden monistischen Glauben und wurde zum Dualisten. In einer Interpretation der dem Apostel Paulus zugeschriebenen »Briefe an die Thessalonicher« entwurzelte er Christus aus dem Judentum. Denn in der »urchristlichen Existenz« müsse es zu einem »vollen Bruch mit der frühen Vergangenheit, mit jeder nicht-christlichen Auffassung des Lebens« gekommen sein. Entsprechend habe sich Paulus »im Kampfe mit den Juden und den Judenchristen« befunden. Wenn aber die jüdische Tradition verworfen sei, dann könne das Wesen Gottes nur noch aus seinem »Widersacher«, dem »Satan« erschlossen werden: »Wer wahrhaft Christ ist, das wird dadurch entschieden, daß er den Antichrist erkennt.« Der solcherart glaubende Christ sei gefangen in der »Not« einer »zusammengedrängten Zeitlichkeit«, er »lebt ständig im Nur-Noch, das seine Bedrängnis erhöht«.[91]

Über seinen antisemitischen Verschwörungsglauben verlor Heidegger seinen christlichen Glauben und warf sich nun auf Aristoteles und – vor allem – Platon. Sein Hauptwerk »Sein und Zeit« erweist sich als phänomenologische Ausdeutung des platonischen Höhlengleichnis-Verschwörungsmythos' – und fand auch deswegen in deutschen bildungsbürgerlichen Kreisen enormen Anklang.

Heidegger verwarf Kants Philosophie der vernünftigen Aufklärung, da ein Zusammenhang zwischen innerem Erleben und »Vorhandensein der Dinge außer uns« doch gar nicht bewiesen werden könne. »Der ›Skandal der Philosophie‹ besteht nicht darin, daß dieser Beweis bislang noch aussteht, sondern *darin, daß solche Beweise immer wieder erwartet und versucht werden*« (Hervorhebung wie im Original).[92] Zu viele Philosophen weigerten sich laut Heidegger, zu erkennen, dass sie getäuschte Gefangene in der Höhle, »isolierte Subjekte« seien – genau das, was Blumenberg später erkenntnistheoretisch »arme« Menschen nach Platon nennen wird. Die Aufgabe, so Heidegger, sei das Erkennen und Sprengen der Gefangenschaft als ein falsches »Auffassen, Vermeinen, Gewißsein und Glauben«, das als »Verhaltung« doch »selbst immer schon ein fundierter Modus des In-der-Welt-seins« sei.[93] Wurde das platonische Höhlengleichnis je zarter beschrieben?

Hinaus zur zukünftigen Schau einer geistig befreiten Welt könne also nur ein Gewaltakt führen. Erst »nach der Zertrümmerung des ursprünglichen Phänomens des In-der-Welt-seins wird auf dem Grund des verbleibenden Restes, des isolierten Subjektes, die Zusammenfügung mit einer ›Welt‹ durchgeführt«.[94]

Dafür handlungsleitend sei – und dies schrieb Heidegger Jahre vor der NS-Herrschaft und seiner Mitarbeit darin! – die Frage: »*Wer sagt, wie wir schuldig sind und was Schuld bedeutet?*« (Hervorhebung im Original).[95] Als Grund für dieses »Schuldigsein« habe die mögliche Existenz anderer zu gelten, in deren Augen die eigene Schwäche deutlich werde: »Diese Mangelhaftigkeit ist das Ungenügen gegenüber einer Forderung, die an das existierende Mitsein mit Anderen ergeht.«[96]

So gelte also: »Das Sein des Daseins ist die Sorge« – und zwar nicht die Sorge »um« andere, sondern die Sorge, vor ihrer Wahrnehmung nicht bestehen zu können. »Sie befasst in sich Faktizität (Geworfenheit), Existenz (Entwurf) und Verfallen.« In der vielleicht traurigsten Zuspitzung des platonischen Gefangenen als »armen Menschen« klagt Heidegger: »Grundsein besagt demnach, des eigensten Seins von Grund auf *nie* mächtig zu sein.«[97]

In diesem Opfer- und Minderwertigkeitskomplex – Jahre *vor* der NS-Machtergreifung und Heideggers Komplizenschaft darin! – kann daher auch die Zeit nicht positiv erfahren werden. »Das äußerste Noch-Nicht« schwankt nun, da die christliche Hoffnung aus dem Blick geraten ist, zwischen Erlösungs- und Todessehnsucht: »Das Ende steht dem Dasein bevor. [...] So enthüllt sich der *Tod* als die *eigenste, unbezügliche, unüberholbare Möglichkeit.*«[98] Die Aussagen »der christlichen Theologie« zu »Glaube, Sünde, Liebe, Reue« verbannt Heidegger dagegen in eine Fußnote.[99]

Der platonische Höhlengefangene, der sich schon aufgrund der Blicke anderer in seinem bloßen Dasein als Opfer fühlte, konnte hier also nur noch auf einen erlösenden Tyrannen hoffen. Und nachdem dieser wenige Jahre später furchtbar gescheitert war, gelang Heidegger dennoch kein Entkommen aus Platons Falle – dazu hätte er zu Jaspers, Arendt und seinen eigenen semitisch-christlichen Wurzeln zurückkehren müssen. Stattdessen klagte er dem »Spiegel« sein Leid des blumenbergsch armen Menschen, der nur noch durch das Aufbrechen einer zukünftigen Transzendenz erlöst werden könne: »Nur noch ein Gott kann uns retten.«[100]

Heidegger demonstrierte hier ein ganzes philosophisches Leben hindurch den Prozess »Selbstviktimisierung« – er oder sie will »unbedingt Opfer sein«.[101] Denn das ist ja nichts weniger als die Grunderfahrung des Gefangenen im platonischen Höhlengleichnis: Das Beobachtetwerden nicht mehr durch eine innerweltliche oder transzendente Liebe, sondern nur noch durch die vermeintlichen bösen Weltverschwörer verbürgt die eigene Existenz, wird zum Lebensgefühl. »Die« halten mich und uns von »der Wahrheit« der geistigen Welt ab – und ein Tyrann oder Gott wird sie zukünftig dafür strafen! An die Stelle der Teilnahme am gemeinsamen Entdecken von Wahrheit tritt der Verschwörungsvorwurf an alle Andersdenkenden, verbunden mit der angstlüsternen Hoffnung auf eine baldige erlösende Katastrophe. Nach Jonathan Sacks habe Hitler genau diese »zwei komplett widersprüchliche Ideen« – eine »selbstmitleidige Paranoia als unschuldiges, bedrängtes Opfer« und eine kommende »Herrenrasse und Weltherrschaft« – durch laute Propaganda verbunden.[102] Damit habe er es geschafft, sowohl die Angegriffenen wie auch seine eigene Anhängerschaft zu »entmenschlichen« und die Welt als einen gnadenlosen Ort zu präsentieren, wo es keinerlei Dialog, sondern nur Sieger oder Verlierer geben könne. Sacks: »Sich selbst als Opfer definieren ist eine Verleugnung dessen, was uns menschlich macht. [...] Das Opfer, das seine Zustände anderen zuschreibt, verortet den Grund seiner Situation außerhalb seiner selbst und macht sich selbst unfähig, sich zu befreien aus seiner selbst-gestellten Falle.«[103]

Auch die Philosophin Bettina Stangneth warnt am Beispiel von Heidegger wie auch von Adolf Eichmann (1906–1962), dass die »Übersteigerung des Selberdenkens« in »ein akademisches Böses« führen könne, »weil es dem Menschen Wissenschaft und Moral in ihrer vollen Bedeutung unkenntlich macht«.[104] Wenn ich mir erst einmal platonisch eingeredet habe, dass ich Gefangener und Getäuschter böser Mächte in einer abgedunkelten Höhle bin, dann werde ich bald auch wissenschaftliche Einsprüche dagegen als Teil der vermeintlichen Weltverschwörung abtun. So kann ich mich schließlich auch als formal gebildeter Mensch auf höchstem akademischem Niveau immer tiefer in den Abgrund schwurbeln. Und so geschah und geschieht es ja auch nach dem Untergang des NS-Regimes.[105]

Ein bloßes Verbannen und Verschweigen der vielen auch hochgelehrten Verschwörungsgläubigen wäre daher intellektuell feige. Der französische Philosoph Philippe Lacoue-Labarthe (1940–2007) ging sogar so weit, zu behaupten, das »Geheimnis des Nazismus« sei im Leben und Denken des Philosophen Heidegger verborgen. Auch der amerikanisch-jüdische Philosoph Elliot R. Wolfson (geb. 1956) schrieb noch 2018 ein Buch über Heidegger, in dem er dafür plädierte, »das Undenkbare zu denken, das als Teil unseres gemeinsamen menschlichen Schicksals gedacht« werden müsse.[106]

Die tatsächliche, bittere Wahrheit ist, dass weder »Selberdenken« noch Technologie, formale Bildung oder sublime Hochkultur vor dem Bösen schützen, in dem wir uns selbst verlieren können. »Wir kennen längst subtilste Formen der Gewalt aus Kultiviertheit, die kein Barbar sich hat träumen lassen.«[107] Ein Topjurist, eine Ärztin, ein Philosoph, eine Aktivistin können sich im Verschwörungsmythos von Platons Höhle selbst anketten und als »arme Menschen« zunehmend aggressiv agieren. Doch sie schaden damit am Ende nicht nur anderen, sondern auch ihren eigenen Anliegen immer wieder selbst. In den Worten von Rabbi Lord Jonathan Sacks: »Beschuldigungskulturen [blame cultures] erhalten genau die Zustände, gegen die sie protestieren.«[108]

Und so werden auch weiterhin auf der antisemitischen Website klagemauer.tv übelste Verschwörungsmythen des Schweizer Sektengründers Ivo Sasek verbreitet, während an der echten Klagemauer in Jerusalem gläubige Juden und Gäste verschiedener Religionen – darunter auch Päpste – gerade nicht eine römische Weltverschwörung beklagen, sondern die je eigenen Sünden bekennen.[109]

Die Verschwörungsideologie des »Islamischen Staates« (IS)

Wir müssen noch überprüfen, ob die Psychologie der »platonischen Falle« und des verschwörungsmythologischen Dualismus auch über den westlichen Neuplatonismus und das vor-rabbinische Judentum hinaus wirksam ist.[110] Dazu analysieren wir die Ideologie des sogenannten Islamischen Staates, der als Terrormiliz zeitweise große Gebiete in Syrien und im Irak kontrollierte. Auch nach deren Rückeroberung durch Regierungstruppen sowie vor allem schiitische Milizen und nach der Tötung ihres ersten »Kalifen« Abu Bakr al-Baghdadi (1971–2019) ist der IS weiter aktiv und gewinnt aufgrund des anhaltenden sunnitisch-schiitischen Staatenzerfalls zwischen Ölpreisrückgang und Klimawandel derzeit wieder Anhänger und Gewicht.

Und tatsächlich: Im Gespräch mit meinem Kollegen, dem Traumapsychologen Jan-Ilhan Kizilhan, entwarf sich auch ein kriegsgefangener IS-Milizionär mit dem Kampfnamen »Abu Dschihad« als blumenbergsch armer, von einer Weltverschwörung bedrohter Mensch. Er sage gern »alles« aus, zumal er hoffe, durch eine Hinrichtung zum Blutzeugen *(shahid)* zu werden: »Sie müssen die Geschichte des Islam kennen. Schon immer mussten wir gegen die Ungläubigen kämpfen. Sie wollen uns vernichten. Schauen Sie sich doch die westlichen Medien an! Alles nur jüdische Propaganda gegen uns. ... Die Leute da sind wie der Teufel, verstecken sich unter einer Maske. Sie lachen, sprechen von Menschenrechten und liefern Waffen an ihre Freunde, die noch schlimmere Teufel sind und versuchen, den Islam zu vernichten ... Erzählen Sie mir nichts über den Westen ... die haben Schuld an allem, und dafür müssen sie nun zahlen ...«[111]

Teil dieser teuflischen Weltverschwörung sei laut »Abu Dschihad« aber auch die religiöse Minderheit der Eziden im Norden des Irak. »Das sind Ungläubige und viel schlimmer als die Christen, hat man uns erklärt. Die Jesiden beten nämlich den Teufel an. Gott verdamme sie! Sie sollen alle sterben! Wie kann man bloß an den Teufel glauben?«[112]

Entsprechend energisch und emotional verteidigte er einerseits die »Ehre« seiner

Schwester, fand aber andererseits nichts dabei, sich eine ezidische »Sklavin« zu nehmen, deren Angehörige er zuvor ermordet hatte. Er habe gleich »die ganze Nacht mit ihr verbracht. Sie hat sich gewehrt, aber das tun Frauen immer.«[113] Auch gemeinsam mit anderen habe er Gewalt angewendet, um gefangenen Ezidinnen sexuelle Gewalt antun zu können. »Sie haben geweint und geschrien, ich musste sie deswegen immer wieder schlagen. Sie wollten uns nicht freiwillig heiraten. Dann betrachtete ich sie eben als Sklavinnen, was sie ja auch tatsächlich sind. Sie haben nichts anderes verdient, diese Ungläubigen!«[114]

Die – menschlich erschütternden – Schilderungen von »Abu Dschihad« entsprechen tatsächlich der Verschwörungsideologie des IS, der sich als apokalyptisch-messianische, »gerettete« Gruppe *(ta'ifa mansura)* in einer vom Bösen *(taghut)* beherrschten Welt versteht. Im Mittelpunkt steht für den IS »der Kampf gegen die Juden«, die wiederum die Schiiten, die USA, die Muslimbrüder und generell »die Verräter, die Herrscher und die Gelehrten der Herrscher *(ulama al-salatin)*« etwa in Saudi-Arabien kontrollierten.[115]

Doch selbst so mächtige Gegner könnten die IS-Kämpfer nicht einmal im Tod besiegen, wie es in Gedichten und Liedern besungen wird: »Du hast auf Gott und den edlen Herrn gesetzt / Dein Lohn ist darum der große Sieg. / Du bist auf dem Schlachtfeld als Blutzeuge gefallen, / dein Mund lächelnd, strahlt vor Freude.«[116]

Das monatliche Online-Magazins des IS, *Dabiq,* ist nach der syrischen Stadt der erhofften Apokalypse benannt. Darin drückt sich die messianische Hoffnung auf die Wiederkunft Jesu auf Seiten des IS aus. Gleich in der ersten Ausgabe wurde betont, der IS sei gekommen, um »eine neue Ära der Macht und Würde der Muslime« einzuleiten.[117] Entsprechend sei der IS auch kein politisches Projekt, sondern diene der »Vorbereitung für die Triebseele (nafs), damit sie die Wahrheit akzeptieren und sich selber von den Spuren des blinden Befolgens« reinigen könne. »Öffnet eure Augen für unsere Wirklichkeit! Wen seht ihr, der den Tyrannen zum Ungläubigen erklärt, seine Vergehen aufdeckt und Krieg gegen ihn führt?«[118]

Der verschwörungsmythologische Dualismus wird ins Extrem ausgelegt. Selbst die palästinensische Hamas sei vom Glauben abgefallen *(murtad)*, da sie mit »den Juden« (Israel) verhandele und sich vom schiitischen Iran unterstützen lasse. Für Differenzierungen hat der IS keine Zeit, es gibt nur Schwarz oder Weiß. Er lehrt ein neuzeitlich-dualistisches Konzept des strikten Entweder-oder, *al-wala wa'l-bara:* Innerhalb des IS gilt *al-wala*, Zusammengehörigkeit, definiert als »Beistand *(nusra)*, Liebe *(mahabba)*, Ehren *(ikram)*, Wertschätzen *(ikram)*«. Allen Menschen außerhalb des IS gilt dagegen *al-bara*, unerbittliche »Feindschaft zwischen der Partei Gottes und der Partei des Teufels«. Die Gläubigen sollen jeden Kontakt und jede Zusammenarbeit mit allen »Feinden« meiden und deren Worten und Medien keinerlei Beachtung schenken.[119] Dies gelte ausdrücklich auch für andersdenkende Musliminnen und Muslime: »Wer jemanden, der ungläubig ist, nicht für ungläubig erklärt, ist ein Ungläubiger.«[120]

In der Summe entspricht die apokalyptisch-messianische Ideologie des IS bis in Details hinein der Psychologie der platonischen Falle und des religiösen Dualismus: Die Welt wird von teuflischen Verschwörern beherrscht, die ein System der Täuschung errichtet haben. In diesem findet alles Sein nur im Tode zu sich. Nur mit Gewalt können »die Augen geöffnet« und kann die vermeintliche Ankunft des rettenden Messias erzwungen werden. Entsprechend kann es zwischen der kleinen, »erwachten« Gruppe der Guten und Geretteten einerseits und der »Partei des Teufels« andererseits nur Feindschaft bis hin zu Mord, Versklavung und sexueller Gewalt geben. Dieser Dualismus geht in Schärfe und Formulierungen deutlich über die islamischen Traditionen hinaus. Mitleid mit den »Feinden« wird dabei als Sünde und Verrat abgetan – schließlich seien »die Gläubigen« die einzigen Opfer der Verschwörung, alle anderen hätten ihr Leid »verdient«.

Um den eskalierenden Brückenschlag vom Denken zur Tat geht es im nächsten Kapitel.

2. Vom Mobber zum Mörder: die Falle der Schuldumkehr

»Dualismus ist die einzigartig
effektivste Lehre, um gute Menschen
zu überzeugen, böse Dinge zu tun.«
Jonathan Sacks (2011)[121]

»... bis wir endlich hoffen können,
daß diese Wahrheit siegt, daß endlich
der Tag kommt, an dem unsere Worte
schweigen und die Tat beginnt.«
Adolf Hitler (1920)[122]

Nach dem Rassismus der Nationalsozialisten hätte es die Ehe zwischen Rosa und Michael Schwarz gar nicht geben dürfen. Hitler selbst hatte in »Mein Kampf« bestritten, dass das Judentum eine Religion sei. »Der Jude« übe »selber strengste Abschließung seiner Rasse. Wohl hängt er seine Frauen manchmal einflußreichen Christen an die Rockschöße, allein er erhält seinen männlichen Stamm grundsätzlich immer rein. Er vergiftet das Blut der anderen, wahrt aber sein eigenes. Der Jude heiratet keine Christin, sondern immer der Christ die Jüdin.«[123]

Dass Hitler diese Lüge von Houston Stewart Chamberlain und Alfred Rosenberg übernommen hat, macht sie nicht richtiger. Ludwig Kaempfer konnte bereits 1925 aufzeigen, dass seit 1901 allein im Deutschen Reich 30.121 jüdisch-christliche Ehen geschlossen worden waren, davon sogar eine Mehrheit von 17.823 (59,2 Prozent) zwischen jüdischen Ehemännern und christlichen Ehefrauen. Als ein berühmtes Ehepaar jener Zeit dürfen der jüdische Romanist Victor Klemperer und seine Frau Eva, eine evangelische Musikerin, gelten. Die beiden heirateten 1906.[124]

Die Österreicherin Rosa Schwarz war zum Judentum konvertiert, um ihren Mann Michael heiraten zu können. Die beiden bekamen in Wien sieben Kinder. Viele tausend Eheleute hielten auch während der NS-Zeit zu ihren jüdischen Partnerinnen und Partnern sowie den gemeinsamen Kindern. Noch 1943 erreichten sie mit einer mutigen Demonstration in der Berliner Rosenstraße die Freilassung von der Gestapo verhafteter Ehemänner. Andere ließen sich unter dem Druck der Diskriminierung und Verfolgung zum Schein oder tatsächlich scheiden.

Doch Rosa Schwarz ging noch weiter: Sie ließ sich nach der Machtergreifung der Nazis nicht nur von ihrem Mann scheiden, nahm ihren früheren Nachnamen Schnedlitz wieder an und gab ihre jüdische Religionszugehörigkeit auf. Sie ließ sich auch mit einem Nazi ein, verprügelte und verstieß ihre Kinder und lieferte schließlich ihre eigenen Angehörigen an die antisemitischen Verfolger aus. Michael Schwarz wurde 1943 in Auschwitz ermordet. Die nach NS-Rassenlehre »halbjüdischen« Kinder kamen unter anderem ins KZ Theresienstadt.

Rosa Schnedlitz wurde nach dem Krieg in Wien vor Gericht gestellt und nach einem Aufsehen erregenden Prozess zu fünf Jahren Haft verurteilt.[125] Dennoch wagte sie später sogar, wegen der Ermordung ihres Ex-Mannes durch die Nationalsozialisten »Entschädigung« zu beantragen. Ihre Tochter Maria, genannt »Mitzi«, die im Alter von zehn Jahren von ihrer Mutter verstoßen und an die SS ausgeliefert worden war, wurde nach dem Krieg von einer norwegischen Familie adoptiert. Sie veröffentlichte zuerst auf Norwegisch und dann auf Deutsch ein Buch über die kaum fassbare Lebens-, Leidens- und Überlebensgeschichte.[126]

An der Geschichte der Familie Schwarz hatte sich in Österreich bereits früh eine Diskussion entzündet, die sich in Deutschland und weltweit erst mit dem Prozess gegen Adolf Eichmann entfaltete. Wie war »Mitläufertum« – also das Anpassen an den Hass der Mächtigen – zu bewerten? Bis heute verweisen viele auf den von Hannah Arendt geprägten Begriff der »Banalität des Bösen«, um die vermeintliche Hilflosigkeit des Einzelnen gegenüber einem totalitären Staat zu rechtfertigen.[127]

Gleichwohl bewirkte Arendt damit, dass die Mythen von unmenschlichen, ja dämonischen NS-Monstern aus vielen Wahrnehmungen verschwanden. Deutsche und Menschen auf der ganzen Welt mussten sich nun mit dem viel ungemütlicheren Umstand auseinandersetzen, dass Eichmann einerseits ein gewöhnlicher Mensch und Familienvater und gleichzeitig ein mörderischer Bürokrat

gewesen sei. Aus Sicht heutigen Forschungs-
wissens ist klar, dass Eichmann keineswegs
widerwillig dem »staatlicherseits vorge-
schriebenen« Antisemitismus folgte, sondern ihn bis in die Tiefen seiner Persönlichkeit angenommen hatte – und bis zu seinem
Ende nicht mehr überwand.

Wie Heidegger war auch Eichmann katho-
lisch aufgewachsen. Noch 1935 hatte er
Spott nationalsozialistischer Kameraden auf
sich genommen, als er kirchlich heiratete.
Doch je mehr Eichmann im NS-Apparat aufstieg, desto mehr entfernte er sich auch vom
Christentum. Konsequent weigerte er sich
schließlich bei seinem Prozess in Jerusalem,
auf die Bibel zu schwören: »Ich schwöre
nicht auf die Bibel, ich schwöre bei Gott, weil
ich nicht konfessionell gebunden bin, sondern gottgläubig.«[128]

In wenigen abschließenden Gesprächen
mit einem evangelischen Geistlichen vor der
Vollstreckung des gegen ihn verhängten To-
desurteils erklärte Eichmann dann, er habe
schon 1937 den Aufforderungen aus der
NSDAP nachgegeben und die Kirche verlassen. Stattdessen habe er sich mit griechischen Philosophen wie Platon, mit Kant,

Nietzsche sowie dem Buddhismus befasst. Noch kurz vor seiner Hinrichtung am 1. Juni 1962 wies Eichmann das Angebot zurück, ihm eine Bibel dazulassen: »Ich werde das Alte Testament nicht lesen; das sind nichts als jüdische Geschichten und Märchen. Ich weigere mich, sie zu lesen.«[129]

Als noch deutlicher erwiesen sich Eichmanns Interviews mit Willem Sassen in Argentinien. Sassen war Mitglied einer niederländischen SS-Division und Kriegsberichterstatter vor allem an der Ostfront gewesen. Er hatte sich nach dem verlorenen Krieg in Belgien als überlebender Jude ausgegeben, dessen Familie in Auschwitz ermordet worden sei, und war 1948 ebenfalls nach Argentinien entkommen. Dort schloss sich Sassen einem Netzwerk geflohener NS-Kriegsverbrecher an und arbeitete unter anderem für das deutsche Magazin »Stern«. Nach dem Sturz des argentinischen Präsidenten Juan Perón, der mit den Nazis sympathisiert hatte, brachte eine Flaute bei seinen Einnahmen Sassen auf die Idee, anonym eine Selbstdarstellung Eichmanns zu publizieren, und er interviewte ihn ab 1956.

Zu dem Buch kam es nie, aber die Aufschriebe der teilweise erhaltenen Tonbandaufnahmen belegen, dass der geflohene SS-Obersturmbannführer auch nach Ende des Krieges den Massenmord weiterhin als vermeintliche Notwehr gegen die angebliche jüdische Weltverschwörung rechtfertigte. So hatte Eichmann dem »Kamerad Sassen« erklärt, er könne nicht »bedauern« und vorspielen, »daß aus einem Saulus ein Paulus würde. [...] Das kann ich nicht, weil ich nicht bereit bin, weil sich mir das Innere sträubt etwa zu sagen, wir hätten etwas falsch gemacht.« Und auch weiterhin gelte: »Unsere Aufgabe für unser Blut und für unser Volk und für die Freiheit der Völker hätten wir erfüllt, hätten wir den schlauesten Geist der heute lebenden menschlichen Geister vernichtet. Denn das ist's, was ich Streicher sagte, was ich immer gepredigt habe, wir kämpfen gegen einen Gegner, der durch viel viel tausendjährige Schulung uns geistig überlegen ist.«[130]

Im vorigen Kapitel ging es um die – sicherlich viele erschreckende – Erkenntnis, dass auch Denken eine Tätigkeit und also keineswegs »automatisch gut« ist. Auch formal hochgebildete Menschen können sich in die platonische Falle und in den mörderischen Dualismus hinabdenken. Nun aber geht es um die vielleicht sogar noch unbequemere Seite des »Mitläufertums«. Denn gern wurde – gerade auch in den deutschsprachigen Diskussionen – angenommen, dass Mitläuferinnen und Mitläufer bei all ihren Untaten »nicht denken« würden.

Doch neuere Forschungen nicht nur der Geschichtswissenschaften und Sozialpsychologie, sondern auch der Hirnforschung zeigen übereinstimmend: Wer mitläuft, passt auch sein Denken an die Normen der Gruppen an. Der Obermobber auf dem Schulhof und der politische Tyrann entfalten ihre Macht über die Anhängerschaft auch dadurch, dass sie andere zu Mit-Tätern machen – und sie dazu bringen, ihr moralisches Versagen nachträglich zu rechtfertigen. So führt nicht nur böses Denken zu bösem Tun – sondern auch umgekehrt böses Tun zu bösem Denken.

Wenn wir entgegen unserer früheren Überzeugungen zu einer Gruppe gehören wollen, dann brauchen wir dazu nur ein schmales, sichelförmiges Modul in unserem Gehirn zu umgehen: den dorsolateralen anterioren cingulären Cortex (dACC).[131]

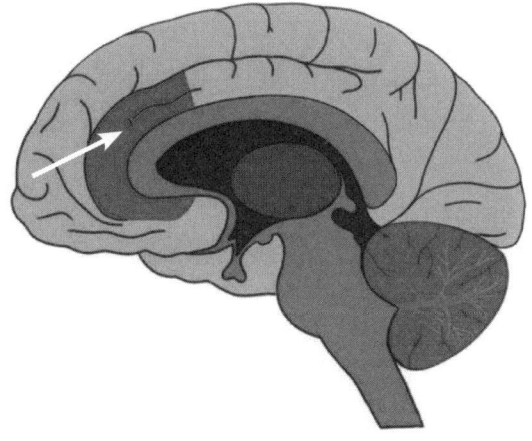

Schematische Darstellung des menschlichen Gehirns. Der eingefügte Pfeil zeigt auf den anterioren cingulären Cortex.[132]

Warum sollte uns ausgerechnet dieser Gehirnbereich interessieren? Nun, er leistet einiges und dabei auch etwas ebenso Unangenehmes wie Wichtiges: Er macht uns auf Widersprüche im Denken – auf Fachdeutsch:

kognitive Dissonanzen – aufmerksam. Der dACC gibt Alarm, wenn etwas »nicht stimmt«, er bremst und zügelt unser Denken. Er liefert uns die »Stimme der Vernunft«, deren Grenzen und Schmerzen Bettina Stangneth einmal so beschrieben hat: »Weil wir Harmonie im Selbstverständnis mögen, finden wir die Übereinstimmung zwischen unserem Denken und Handeln angenehm. Wir fühlen uns gut, wenn wir nach unseren eigenen Überzeugungen handeln. Wenn wir hingegen das eine denken, aber das andere tun, zerreißt es uns.«[133]

Der dACC eröffnet uns Menschen also die Möglichkeit, über uns selbst, unsere Gedanken und Taten vernünftig nachzudenken. Das Problem ist: Wir können ihn sehr leicht, vor allem durch Gruppendenken, umgehen und austricksen. Und gerade auch schlaue und gebildete Menschen können sich leicht eine Verschwörungserzählung konstruieren.

Ein ebenso einfacher wie häufiger Gedankentrick ist die Schuldumkehr. Der Neuropsychologe Ian Robertson hat sie so beschrieben: »Der dACC entdeckt einen Konflikt im Gehirn des neu verpflichteten Komplizen: ›Ich bin ein guter Mensch, aber ich tue dem anderen so etwas an – also muss er ein schlechter Mensch sein, der das auch verdient.‹«[134]

Wir haben es bei Heidegger gesehen: Als er längst bemerkt haben musste, dass er sich durch die aktive Unterstützung der Nazis an der Vernichtung der »Judenschaft« mitschuldig gemacht hatte, widerrief er nicht etwa seine philosophischen Überzeugungen – sondern warf den Verfolgten vor, sie selbst verkörperten »das Prinzip der Zerstörung«! Wir können Schuldgefühle abwehren, indem wir das Böse aus dem Eigenen abspalten und den Angegriffenen vorwerfen!

Die »Dissonanztheorie« beschreibt das menschliche Bestreben, unangenehme Spannungszustände zu vermeiden. Als eine von vielen Bestätigungen dieser Theorie gilt das Milgram-Experiment von 1964. Darin wurden Versuchspersonen gebeten, an einer Studie zum Thema »Lernen« teilzunehmen. Sie sollten unter Anleitung eines Versuchsleiters mit Doktortitel und im weißen Kittel erwachsene Probanden durch Stromstöße für fehlerhafte Antworten auf ein Wortspiel »bestrafen«. Diese Stromstöße steigerten sich dabei um jeweils 15 Volt bis hinauf zu 450 Volt.

Schon ab 120 Volt schrien die Probanden – bei denen es sich tatsächlich um Schauspieler handelte, es floss kein Strom – vor Schmerz auf und baten ab 150 Volt um den Abbruch des Experiments. Ab 330 Volt brachen sie wortlos zusammen. Viele Versuchspersonen äußerten mit steigender Stromstärke zwar Gewissensbisse – ihr dACC meldete sich – und diskutierten mit dem Versuchsleiter. Aber 65 Prozent derer, die sich einmal auf die »Bestrafungen« eingelassen hatten, ließen sich überzeugen, bis zum bitteren Ende von 450 Volt zu gehen. Mit jedem Schritt in die falsche Richtung fällt es uns schwerer, einzusehen, dass nicht der »Bestrafte«, sondern wir selbst uns falsch entschieden haben.[135]

Nahezu alle sozialen Gruppen nutzen unsere Abneigung gegen Dissonanz konstruktiv für sich: So bekräftigen Gläubige in Kirchen, Religionsgemeinschaften und politischen Parteien gemeinsame Erzählungen und Glaubensbekenntnisse und bestätigen damit ihre gemeinsame Überzeugung. Soldaten schwören unter Anwesenheit von Kameraden und Angehörigen heilige Eide – ebenso, wie es Ehepaare tun. Teilnehmer bei den Anonymen Alkoholikern und den Weight Watchers erzählen von sich und verkünden ihre Ziele.

Aber auch zur Manipulation wird der Dissonanzeffekt gern eingesetzt: »Drücker« bitten uns auf der Straße oder sogar an der Haustür um einen kleinen Gefallen wie die Teilnahme an einer Befragung oder die Unterschrift unter eine freundliche Petition. Danach, wenn wir schon etwas »beigetragen« haben, bieten sie uns ein Abonnement für eine Zeitschrift an. Und wenn wir gerade versichert haben, dass Tierschutz uns ganz besonders wichtig ist, fällt es uns tatsächlich schwerer, ein Tierschutzmagazin abzulehnen. Dann wird der Wunsch, Taten und Gedanken in Einklang zu bringen, instrumentalisiert, um uns unter Druck zu setzen.

Der Dissonanzeffekt kann auch ins Negative umschlagen: Wenn wir – gegen die Einsprüche unseres dACC – doch wieder Fleisch aus Massentierhaltung verspeist haben, können wir leicht dazu übergehen, konsequente Vegetarier als »ungesunde Schwächlinge« abzutun.[136] Zur Umgehung unseres dACC können wir uns zum Beispiel einreden: Wer sich nicht hin und wieder einen Fleischburger gönnt, ist nicht stark, sondern eine gefährliche Ideologin! Und überhaupt – war nicht auch Hitler Vegetarier!? Die Schuldabwehr führt in den Dualismus und in die platonische Falle. Nicht *ich* bin hier der Schuldige, sondern *die!* Und wenn nicht die Wahrnehmung so vieler getäuscht wäre, dann würden das auch alle erkennen!

Der Dissonanzeffekt spielt auch eine wesentliche Rolle dabei, dass sich Menschen immer wieder durch Nazi-Vergleiche vermeintlich entlasten wollen. Beispielsweise wich der Finanzwissenschaftler Professor Stefan Homburg nach einem missglückten Auftritt bei einer Verschwörungsschwurbler-Demonstration in Stuttgart Anfang Mai 2020, bei der auch Ken Jebsen auftrat, der Eigenreflexion aus. Statt anschwellende Kritik an sich heranzulassen, setzte er die Anti-Coronavirus-Maßnahmen von Bund, Ländern und Kommunen mit dem Machtausbau und den Kriegsvorbereitungen der Nationalsozialisten parallel. »Das hier IST 1933«, twitterte er. »Damals gab es keinen Krieg und keine Lager. Es wurde erst die Demonstrations- und Meinungsfreiheit abgeschafft, dann das Rechts-, Presse- und Wissenschaftssystem gleichgeschaltet. Sechs Jahre später war man dann soweit.«[137] Dieser »Entlastungsangriff« mag den dACC im Homburgs Gehirn umgangen und ihm kurzfristig das Glücksgefühl von Aufrichtigkeit verschafft haben, es beschädigte aber seine Reputation nur noch mehr.[138]

Der schon erwähnte Neuropsychologe Ian Robertson schildert diesen gefährlichen kognitiven Trick an einem Beispiel, das die meisten von uns bereits mehrfach und aus verschiedenen Perspektiven erlebt haben: Mobbing unter Jugendlichen. Wenn »ein Opfer« gefunden ist – häufig markiert durch die Anführerin oder den Anführer einer kleinen Gruppe –, dann gehen alle gemeinsam gegen dieses vor: durch Lästern, Lachen, Verspotten, Drangsalieren, manchmal sogar durch physische Gewalt.

Es braucht sehr viel Mut, sich mit dem dACC gegen diese Eskalation zu stellen, zumal Gruppenmitglieder ausgeschlossen und Eingreifende selbst zum Opfer werden können. Ein anderer, tatsächlich »böser« Denk-Ausweg ist viel einfacher – und also verführerischer. Wir reden uns ein, die Ge-mobbten seien »selbst schuld«: *Warum zieht der sich auch so komisch an? Warum be-nimmt die sich auch wie eine Zicke? Warum müffelt der so? Die denkt wohl, sie ist was Besseres?!*

Behaupte bitte niemand, er oder sie kenne nicht das berauschende Gefühl, die eigene Gruppenzugehörigkeit auf Kosten eines ge-meinsamen Opfers zu befestigen! In den Worten von Ian Robertson: »Es spielt keine Rolle, dass das Ziel, auf das man sich kon-zentriert, um Macht zu gewinnen, darin be-steht, einen Mitschüler in Angst und Schre-cken zu versetzen, den man vor einigen Tagen noch ganz gerne mochte. Wie wir ge-sehen haben, ist die Macht eine Droge, die unser Gehirn mit potentiell süchtig machen-den Chemikalien überflutet, und wie alle Drogen hat sie einen eisernen Griff.«[139] Wi-derstand wäre riskant, Mitlaufen fühlt sich gut an.

Dieser kognitive Prozess führt im Kern zu dem, was heute auf Fachdeutsch »gruppen-bezogene Menschenfeindlichkeit« genannt wird: erzählte und vor allem gefühlte Recht-fertigungen, die unsere innere Vernunft betäuben und es uns erlauben, andere – meist Schwächere – gemeinsam mit anderen fertigzumachen. Und das wirklich Fiese ist: Gerade dann, wenn wir uns selbst bedroht fühlen, vielleicht selber schon gemobbt wurden, werden wir umso stärker dazu tendieren, uns durch Beschimpfungen anderer abzusichern. Individualismus ist nicht nur anstrengend, sondern gerade auch für jene riskant, die ohnehin in Angst leben.

So stellt die österreichische Extremismusforscherin Julia Ebner (geb. 1991) als Gemeinsamkeit sowohl rechtsextremer wie islamisch-radikaler Terrorgruppen fest, dass sie Ängste durch Geschichten in »Wut« umwandeln: »Extremisten ist eine Erzählform gemeinsam, die auf der Vorstellung von der Opferrolle basiert und beinhaltet, dass der Konflikt nur durch Beseitigung des ›Anderen‹, im übertragenen oder wörtlichen Sinn, gelöst werden kann.«[140]

Nachdem am 27. Februar 2017 die deutsche Geisel Jürgen Kantner von der mit dem IS verbundenen Gruppe Abu Sajaf auf den Philippinen enthauptet worden war, fragte Ebner per Chat je eine Anhängerin von Pegida und einer islamisch-extremistischen

Gruppe nach ihren Einschätzungen. Die Pegida-Anhängerin sah die Enthauptung als »letzten Beweis dafür, dass Moslems widerliche Unmenschen sind, die den Westen auslöschen wollen«. Der islamische Extremist schrieb dagegen, die Hinrichtung sei »im Dienste Allahs« geschehen, da die Geisel »ein alter Ungläubiger« gewesen sei, »der den Tod verdiente«. Beide nahmen das gleiche Ereignis also als Bestätigung ihres jeweiligen Dualismus, ihrer Gut-Böse-Erzählung, wahr. Sie fühlten sich durch den jeweils anderen – den Islam, den Westen – angegriffen und meinten, mit der Eskalation im Recht zu sein. So erfülle sich, so Ebner, »der Mythos vom ›Kampf der Kulturen‹« selbst.[141]

Alle »gängigen« Schimpfworte auf Schulhöfen sind historisch gewachsene Mittel des Mobbings, die in schlimmen Fällen bis zu Gewalt führen sowie Angegriffene in Verzweiflung und sogar Selbstmord reißen können. Die angreifende Gruppe wertet die Angegriffenen ab und schiebt ihnen noch die Schuld an den Übergriffen zu.

Beispiele:

- »Du Opfer!« – gegen Menschen, die bereits als Ausgeschlossene markiert wurden. Sie werden nun selbst für ihren Status verantwortlich gemacht.

- »Du Schlampe, Zicke, Bitch!« – gegen Frauen bzw. Mädchen. Ihnen wird vorgeworfen, die Anforderungen einer »guten« und »braven« Frau nicht zu erfüllen.

- »Du Spast, Mongo!« – gegen Menschen mit Behinderungen und generell Schwächere. Ihre Körperlichkeit wird zu einer Abwertung des Charakters umgemünzt.

- »Du Hurensohn, Brillenschlange, Nerd!« – gegen Jungs, die sich nicht körperlich wehren können. Analog zu den Vorwürfen gegen Frauen wird ihnen vorgehalten, ein bestimmtes Ideal von Männlichkeit nicht zu erfüllen.

- »Du Nigger, dreckiger Zigeuner!« – gegen Menschen mit dunklerer Hautfarbe. Die Bezeichnungen rufen alte Mythen eines vermeintlichen Fluches auf, der den Betreffenden aufgrund von Untaten ihrer Vorfahren anhafte.

- »Du Jude, Kaffir (›Ungläubiger‹), Zionist!« – gegen Jüdinnen, Andersglaubende und Andersdenkende. Ihnen wirft man damit vor, Teil einer weltweiten Verschwörung zu sein.

Kinder und Jugendliche denken sich solche Herabsetzungen nicht selbst aus – sie »erben« sie über ihre Familien, über Medien und Freunde. Hinter jeder dieser Beschimpfungen steht ein dualistischer Mythos, eine jahrtausendealte Geschichte über vermeintlich ewiges Gut und Böse.[142] Wann immer wir anfangen, unsere eigenen bösen Taten nachträglich durch den Rückgriff auf diese Mythen zu rechtfertigen, lassen wir den Hass noch etwas tiefer in unsere Persönlichkeit einsickern.

»Dumm ist der, der Dummes tut«, lernt Forrest Gump von seiner Mutter in dem zu Recht gerühmten Film von 1994. Denn dem vermeintlich minderbegabten Held fehlt einfach die Intelligenz, böse Taten nachträglich zu rechtfertigen. So verprügelt er den Studentenanführer Wesley, nachdem dieser beider Freundin Jenny ins Gesicht geschlagen hat. Doch auch am Folgetag scheitert der »intelligentere« Student an einer aufrechten Entschuldigung. Er umgeht seinen dACC, indem er die Schuld für seine Gewalttat anderen zuschiebt: »Jenny? Die Dinge sind ein bisschen außer Kontrolle geraten. Es ist nur dieser Krieg und dieser lügende

Hurensohn Johnson und ... Ich würde dir nie wehtun. Das weißt du.«[143]

Und wir wissen: Indem Wesley seine Schuld nicht annimmt, erweist er sich als unfähig, sich zu bessern. Er wird Jenny wieder »wehtun« – nicht *obwohl,* sondern *weil* er schlauer ist als Forrest und seine Hirnschranke durch Verschwörungserzählungen umgehen kann. Auch wenn Wesley schlägt, so seien doch der Krieg, der Präsident, das System, die Gesellschaft schuld – also jemand anderes. Wesleys böse Tat und böses Denken ziehen ihn in einem buchstäblichen Teufelskreis hinab. Er verfinstert sich selbst und reißt Jenny mit sich.

Die heute weltweit bekannteste Comic-Superheldentruppe heißt »Avengers« (»die Rächer«) und versteht sich, klar, als Truppe des Guten. Doch wirklich tief und glaubwürdig werden Helden nur da, wo sie sich auch selbst hinterfragen. So rätselt der weithin unterschätzte Hawkeye einmal: »Was rächen wir denn?«[144]

In der Abwehr des bequemen Dualismus entwickelte die jüdisch-monistische Mystik daher zunehmend Lehren, nach denen der Mensch keinesfalls ein armes, hilfloses Opfer von Dämonen sei. Vielmehr erschaffe jede und jeder von uns selbst durch Taten und Gedanken gute oder böse Engel. »Genau so, wie in den höheren Welten nur der Mensch und nur er Gutes wählen und tun kann, so kann auch ausschließlich der Mensch Böses tun«, schreibt Rabbi Steinsaltz. Und daher gebe es auch »zerstörerische Engel, geschaffen durch die Taten der Menschen, durch die Vergegenständlichung der Bosheit, durch böse Gedanken, hasserfülltes Trachten oder eine verruchte Tat«.[145] Dies gelte umgekehrt aber selbstverständlich auch für »Engel der Heiligkeit« – und so bekommt ein lockerer Spruch plötzlich eine höhere Dimension: Es gibt nichts Gutes, außer Mensch tut es.

Ob es Götter, Engel oder Teufel in einem mehr als symbolischen Sinne »gibt«, kann ich Ihnen als Religionswissenschaftler weder beweisen noch widerlegen – hier stehe ich mit Ihnen vor den gleichen Fragen des Glaubens oder Nichtglaubens. Was ich jedoch aus den wissenschaftlichen Forschungen mit hoher Sicherheit ableiten kann, ist die Erkenntnis, dass der Mythos, nach dem wir selbst gute und böse Engel hervorbrin-

gen, hilfreicher ist als der Verschwörungsmythos einer Fremdsteuerung durch fremde
Mächte. Wir Menschen schaden uns selbst
und anderen, wenn wir unser dACC umgehen, indem wir anderen die Schuld für unsere eigenen Taten zuschreiben: *Der Teufel
hat mich besessen! Ich tat es auf Geheiß Gottes! Sie hätte sich nicht gegen die Parteilinie
stellen dürfen! Die Gesellschaft war es, denn
es gibt gar keinen freien Willen! Der hätte
mich halt nicht so ärgern sollen! Die hat es
doch nicht anders gewollt! Wir haben uns
doch nur verteidigt! Der hätte es doch eh
versoffen! Sie haben es nicht anders verdient.*

Im biblischen Schöpfungsmythos ruft Gott
den Menschen, nachdem dieser das einzige
Gebot überschritten hat: »Wo bist du?« Doch
Adam versagt darin, zu seiner eigenen Über-
tretung zu stehen, und schiebt sie seiner
Frau und Gott selber zu: »Die Frau, welche
du mir hast gegeben, diese gab mir von dem
Baum und ich aß.« Theodizee kompakt:
Wenn Gott die Welt unperfekt erschaffen
hat, dann ist er auch für mein Versagen verantwortlich. Selber schuld, du Schöpfer! Die
von Adam feige beschuldigte Eva versucht

den gleichen Trick und erweitert noch um den Glauben an böse Tiere und die Macht des Teufels: »Die Schlange hat mich gereizt, und ich aß« (1. Mose 3,9–13).[146]

Spätere Ausleger machten die Entdeckung, dass erst Abraham und später Moses auf den Anruf Gottes nicht ausweichend geantwortet hätten, sondern mit »hineni« – »hier bin ich«. In dieser Haltung – die Christen wiederum in Jesu Kreuzweg entdecken – sei, so Rabbiner Yehuda Teichtal, das Geheimnis der Freundschaft zwischen Gott und Mensch verborgen.[147] In seinem letzten Album »You want it darker« besang Leonard Cohen (1934–2016) mit Kantor Yossele Rosenblatt dieses Geheimnis für die Ewigkeit.

Der in eine jüdische Familie geborene, als Kind christlich getaufte und später religionskritische Philosoph Karl Marx (1818–1883) formulierte das Prinzip Verantwortung so: »Die Philosophen haben die Welt nur verschieden *interpretiert,* es kömmt drauf an sie zu *verändern.*«[148] Auch da taucht er wieder auf – der Zusammenhang von Denken und Tun. Ein Zusammenhang, an dem auch Marx bisweilen in Theorie und Praxis scheiterte.

Ein dramatisches Beispiel für die Schwierigkeiten, in die wir als Menschen geraten können, bietet der Fall von Mary Mallon (1869–1938), die als »Typhoid Mary« bekannt wurde. Die irischstämmige Köchin empfand selbst keine Krankheitssymptome, verteilte aber als heute sogenannte »Superspreaderin« Typhuserreger. Als ein Arzt sie ausfindig machte, hatte sie bereits, ohne es zu wissen, sieben Familien infiziert und mehrere Todesfälle verursacht. Mary Mallon berief sich auf die Auskunft eines Apothekers, wonach sie gesund sei. Auch nachdem sie nach drei Jahren Gewahrsam samt verlorenen Gerichtsprozessen freikam unter der Auflage, nie wieder als Köchin zu arbeiten, kooperierte sie nicht: Unter falschem Namen heuerte sie erneut als Köchin an, infizierte und tötete als Dauerausscheiderin weitere Menschen. Schließlich wurde sie für den Rest ihres Lebens – 26 Jahre – eingesperrt.[149]

Es ist leicht, sich über die »Typhus-Mary« zu empören oder gar lustig zu machen. Nur: Wer von uns wäre wohl stärker gewesen? Köchin war ihr gelernter Beruf, und in den damaligen USA gab es kaum staatliche Unterstützung im Fall von Arbeitslosigkeit. Das

Eingeständnis, der damals noch umstrittenen Diagnose einer Superspreaderin zu entsprechen, hätte Mary Mallons wirtschaftliche Existenz vernichtet. Und jeder und jede möge sich selbst überlegen, was es zudem auch psychologisch bedeutet hätte, sich selbst einzugestehen, zahlreiche Familien infiziert und vertraute Menschen getötet zu haben. Es war sehr viel weniger schmerzhaft, den dACC zu umgehen.

Die in Manhattan geborene jüdische Literaturwissenschaftlerin Erica Jong zog in den 1960er-Jahren mit ihrem zweiten Ehemann, einem Facharzt für Kinderpsychiatrie, nach Heidelberg. Ihr schonungsloser autobiografischer Roman »Angst vorm Fliegen« (1973) über diese Zeit wurde zu einem – inzwischen sogar verfilmten – Bestseller. Als verstörend und empörend empfand sie die weitgehende Verdrängung der NS-Verbrechen auch in der Universitätsstadt. »In den drei Jahren, die ich in Deutschland verbrachte, bin ich nur einem Mann begegnet, der es offen zugab. Er war Nazi gewesen und wurde mein Freund.«[150]

Denn dieser Mann, Chefredakteur eines lokalen Werbeblattes, erlaubte ihr nicht nur, einen anklagenden Artikel über das verbreitete Schweigen zu veröffentlichen. Er erklärte ihr auch die »Liebe« der Deutschen zu Hitler – die in den meisten Fällen nicht in eine kritische Selbstbefragung, sondern in eine weniger schmerzhafte Verweigerung der Erinnerung und auch der Verweigerung von Trauer gemündet sei.[151] Auch er selbst habe als Kriegsberichterstatter Kenntnisse über den Holocaust und weitere Kriegsverbrechen gehabt – dazu jedoch geschwiegen. »Ich sage nicht, daß ich gut oder bewunderungswürdig bin. Ich sage bloß, daß ich bin wie die meisten Menschen.« Dieses ehrliche Geständnis löste in der Autorin eine Kaskade von Selbstreflektionen aus. »Auch ohne Faschismus war es verdammt schwierig, an die Ehrlichkeit ranzukommen. [...] Ich nahm mir vor, nicht selbstgerecht über Horst zu urteilen, bis ich nicht gelernt hatte, mir selbst gegenüber aufrichtig zu sein.«[152]

Aber müssen wir das üben, »aufrichtiger« zu sein, wenn wir doch bisher gar nicht an Verbrechen beteiligt waren? Oder kann uns die rechtzeitige Konfrontation mit unseren inneren Widersprüchen gerade auch davor bewahren, immer tiefer in die Wechselwirkung aus bösen Gedanken und Taten hinabzurutschen – bis eine Umkehr allzu schmerzhaft wäre? Hätte ein kluger Kopf wie Heidegger beispielsweise in den 1920er-Jahren gemeinsam mit Jaspers, Arendt und anderen noch den Ausbruch aus seinem dualistisch-platonischen Geistesgefängnis unternehmen können? Oder, da wir die Vergangenheit ja nicht mehr ändern können, vielleicht sinnvoller gefragt: Gibt es Chancen, solche Radikalisierungsprozesse rechtzeitig zu stoppen? – Und tatsächlich: Ausgerechnet Adolf Hitler räumte ein, dass er sich vor einer ganz bestimmten Schwäche des Rechtsextremismus und Antisemitismus fürchtete.

Der Schub in die Höhle: Hitlers heimliche Angst

Man möchte es kaum für möglich halten, dass der selbsternannte »Führer« eigene Ängste andeuten würde. Doch genau das tut er an einer noch kaum beachteten Stelle von »Mein Kampf«. Hier feiert er zunächst erneut die Macht der Feindesrhetorik: »Die breite Masse eines Volkes vor allem unterliegt immer nur der Gewalt der Rede.« Denn: »Völkerschicksale vermag nur ein Sturm heißer Leidenschaft zu wenden, Leidenschaft erwecken aber kann nur, wer sie selbst im Innern trägt.« Dann verhöhnt er, wie auch sonst häufig, die »Literaten und Salonhelden«, generell die »Schreiber« beim »Tintenfasse«, die vielleicht »Verstand und Können« hätten. »Zum Führer aber sind diese weder geboren noch erwählt.« Und darauf folgt unvermittelt: »Jede Bewegung von großen Zielen muß deshalb ängstlich bemüht sein, den Zusammenhang mit dem breiten Volke nicht zu verlieren.«[153]

Ängstlich? Hat Hitler hier etwa gerade über die Ängste eines vermeintlich geborenen und erwählten Führers geschrieben?

Tatsächlich fährt er unmittelbar fort: Jede Bewegung habe »jede Frage in erster Linie von diesem Gesichtspunkte aus zu prüfen und in dieser Richtung ihre Entscheidungen zu treffen«. Hitler fordert hier, dass diese Angst buchstäblich ständig präsent sein und berücksichtigt werden sollte!

Auf den ersten Blick könnte man diese Ausführungen als banal abtun. Was er sagt, ist lediglich: Ein Populist benötige ständige Zustimmung durch seine Basis, eine Abstimmung der Leidenschaften. Wenn er den Kontakt zur Basis verliere, verliere er seine Macht.

Hitler hatte dafür ein konkretes Beispiel vor Augen. Er benannte die »alldeutsche Bewegung«, die »durch ihre parlamentarische Einstellung das Schwergewicht ihrer Tätigkeit statt in das Volk in das Parlament verlegte«. So, schloss Hitler, »verlor sie die Zukunft und gewann dafür billige Erfolge des Augenblicks. Sie wählte den leichteren Kampf und war damit aber des letzten Sieges nicht mehr wert.«[154] Tatsächlich war der von Hitler verehrte radikale Antisemit Georg Heinrich Schönerer (1842–1921) mit einer starken Fraktion der »Alldeutschen Partei« ins österreichische Parlament eingezogen. Doch seine immer drastischeren Ausfälle und sein Konzept einer »elitären Kaderpartei« führten 1902 zum Auseinanderbrechen der Fraktion, der Partei und schließlich der gesamten Bewegung – Schönerer versank in der politischen Bedeutungslosigkeit.[155]

Wir stehen hier an der gleichen Bruchlinie, die wir bereits in Kapitel 1 durch Cicero vorgestellt bekamen: Die Macht der populistischen Freund-Feind-Rede bricht dort zusammen, wo die eigene Anhängerschaft Zeit zum Nachdenken bekommt. Schon die bloße Entschleunigung durch die Parlamentsregeln – Debatten mit Rednerinnen und Rednern unterschiedlicher Fraktionen, mehrere Lesungen, mediale Berichterstattung und öffentliche Diskussion, die Unabhängigkeit der Gewählten – hatte, wie auch Hitler erkannt hatte, gereicht, Schönerers radikale Bewegung in den Zerfall zu führen. Eine populistische Partei, die erfolgreicher sein wollte, musste also die eigene Anhängerschaft ständig in Erregung halten und kompromisslos den »Endsieg« im Auge behalten.

Ich schlage als Bild eine Erweiterung von Platons Höhlengleichnis vor: Wer einmal damit begonnen hat, die eigene Anhängerschaft hinab in Platons Höhle zu führen (bzw. ihr zu sagen, dass sie sich in dieser Höhle der Täuschung befinde), kann spätestens nach der »Identifizierung« des vermeintlich absoluten Feindes kaum mehr ausweichen, umkehren oder auch nur stehenbleiben. Jedes Zögern des Anführers könnte jetzt zu Diskussionen und zur Spaltung unter der Gefolgschaft führen. Nicht alle, aber doch einige Gefolgsleute würden anfangen, darüber zu sprechen, ob dieser Weg hinab denn nun der richtige wäre. Zweifel würden sich ausbreiten, die »Leidenschaft« der »Bewegung« würde zerfallen.

Auch dem so erfolgreichen platonisch-verschwörungsmythischen Universitätsredner Heidegger war dieser Zusammenhang aufgefallen. In seinem fast gleichzeitig zu Hitlers »Mein Kampf« erschienenen Hauptwerk »Sein und Zeit« beschrieb er »die konstitutive Funktion der Rede für die Existenzialität der Existenz«.[156] In geschraubten Worten behauptete er nicht weniger, als dass wir nur dann der »Verfallenheit« entkommen könnten, wenn der Befreiende redet und die anderen zuhören! »Die befindliche Verständlichkeit des In-der-Welt-seins *spricht sich als Rede aus*. Das Bedeutungsganze der Verständlichkeit *kommt zu Wort*« (Hervorhebungen im Original).[157]

Dieser enormen, erlösenden Bedeutung der Rede durch den Wissenden stellte Heidegger jedoch das »Gerede« gegenüber, das schon mit dem »Weiter- und Nachreden« folge – und im Übrigen auch dem Unterschied zwischen Schreiben und »Geschreibe« entspreche.[158]

In den Momenten der Lehrrede also – und diesen Rausch kann ich als gewöhnlicher Mann und leidenschaftlicher Dozent völlig nachvollziehen – kam Heidegger ganz zu sich. Doch er ging einen Schritt weiter: Während die meisten Lehrenden, Politikerinnen, Publizisten schon völlig zufrieden sind, wenn ihre Reden und Texte von anderen konstruktiv aufgegriffen werden, verlangte es den »heimlichen König«, wie Hannah Arendt ihn genannt hatte, nach mehr. Sobald seine Studierenden seine Reden und Texte nicht mehr nur ergeben hinnähmen, sondern sich miteinander darüber austauschten, vielleicht sogar Zweifel an einzelnen Aussagen äußerten – dann, so Heidegger, drohe wieder die »Bodenlosigkeit des Geredes«![159] Verschwörungsgläubige zielen nicht auf Mitdenker, sondern auf Mitläufer.

Da ist er also wieder, der riesige Unterschied zwischen dem platonischen »armen« und dem republikanischen »reichen« Menschen, nun aber bezogen auf die eigene Anhängerschaft: Während Verschwörungsgläubige wie Hitler und Heidegger sich vor

dem »Gerede« auch ihrer eigenen Anhängerschaft ängstigen müssen, sieht Cicero genau
darin die Weisheit der Republik: Die Regeln
der Gewaltenteilung soll allen Bürgern –
später auch den Bürgerinnen – die notwen-
dige Zeit geben, über die Reden nachzudenken, sich mit anderen auszutauschen und
buchstäblich mitzusprechen. Der Platoniker,
die Dualistin, der Antisemit braucht ein ergeben hörendes und kritiklos zustimmendes
Publikum, wogegen die Ciceronianerin, der
Demokrat, die Wissenschaftlerin keinen Anspruch auf absolute Wahrheit erhebt, sondern die Zuhörenden zu Mit- und Weiter-
denkenden sowie zu Mit-Sprechenden
machen möchte.

Die große Rede von Bundespräsident
Richard von Weizsäcker (1920–2015) zum
40. Jahrestag der Befreiung Deutschlands
vom NS-Regime lud das Parlament, die Medien sowie ausdrücklich alle Bürgerinnen
und Bürger zum Mitfühlen, Mitdenken und
Mitdiskutieren ein. Damit brach diese gezielt
an der Bibel und der jüdischen Mystik orientierte Rede endlich den nachwirkenden
Fluch der hitlerschen Freund-Feind-Rede
und wirkte tatsächlich »befreiend«. Sie deu-

tete die Vergangenheit neu, brach mit den immer noch verbreiteten Verschwörungsmythen und eröffnete Christen und Juden, Anders- und Nichtglaubenden sowie Deutschen und Israelis neue, gemeinsame Ausblicke in die Zukunft.[160]

Genau diese Schwäche des Populismus und insbesondere Rechtsradikalismus erkannte auch Theodor Adorno gegen Ende seines Lebens. Am Beispiel der »Hexenprozesse« zeigte er auf, dass »Überzeugungen und Ideologien gerade dann, wenn sie eigentlich durch die objektive Situation nicht mehr recht substantiell sind, ihr Dämonisches, ihr wahrhaft Zerstörerisches annehmen«.[161] Je klarer wird, dass die Realität nicht den Verschwörungsmythen entspricht, desto heftiger muss eskaliert werden, um die Anhängerschaft noch dabeizubehalten. Und genau dieses »Moment des Angedrehten, sich selbst nicht ganz Glaubenden« sah Adorno »übrigens schon in der Hitlerzeit« am Werk. Der Führer könne nicht mehr anders, als immer weiter und immer schneller hinabzusteigen. So komme es zum »Schwanken«, zur »Ambivalenz zwischen dem überdrehten Nationalismus und dem Zweifel daran, der dann wieder es notwendig macht, ihn zu überspielen, damit man ihn sich selbst und anderen gleichsam einredet«.[162]

Katharina Nocun und Pia Lamberty haben diesen Prozess anhand einer psychologischen Studie zu einer ausgefallenen Prophezeiung einer UFO-Sekte so zusammengefasst: »Wer sein Leben bereits danach ausgerichtet hat, dass eine bestimmte Vorhersage auf jeden Fall eintreffen wird, für den dürfte es umso schwerer werden, sich einen Fehler einzugestehen.« So zitieren sie ein trotz des Nichteintretens auf dem Sektenglauben beharrendes Mitglied mit der Aussage: »Ich habe der Welt den Rücken gekehrt. Ich kann es mir nicht leisten zu zweifeln. Ich muss glauben.«[163]

Es ist demnach sehr gut möglich, dass Hitler bei der Abfassung von »Mein Kampf« um 1925 noch wusste, dass er seine eigene Anhängerschaft mit antisemitischen Verschwörungsmythen belog. Aber mit jedem weiteren Applaus und jedem neuen Anhänger begab er sich auch selbst tiefer in den Abgrund, bis er schließlich Millionen Menschen und zuletzt auch seine Frau und sich selbst ermordet hatte.

Nach diesem Verständnis wäre es also kein Zufall, dass im Nachkriegsdeutschland immer wieder rechtsextreme Parteien – wie die SRP, die NPD, die DVU, die Republikaner, derzeit die AfD – entstanden, sich radikalisierten und dann wieder zerfielen. Denn die jeweiligen Führer konnten ihre Anhängerschaft nur so lange zusammenhalten, wie sie ihnen ständig einreden konnten, sie steckten in der platonischen Höhle und es sei keine Zeit für »Gerede«. Begannen die Wählerinnen, Parteimitglieder und gewählten Abgeordneten aber erst einmal, sich miteinander und mit anderen auszutauschen, trat der Irrsinn immer deutlicher zutage. Christoph Seils beobachtet dazu: »Die innere Dynamik einer Radikalisierung nach rechts führt zu selbstzerstörerischen Prozessen.«[164]

Rechtsextreme Bewegungen in der platonischen Höhle brauchen also immer den »baldigen« Endsieg ebenso dringend wie dualistisch-religiöse Bewegungen den »baldigen« Weltuntergang. Sogar der fiktive Darth Sidious konnte als »Star-Wars«-Kanzler Palpatine die galaktische Republik nur zerstören und durch ein Imperium ersetzen, weil er zuvor eine Reihe von Krisen inszeniert hatte. Nur wenn Populisten ihre jeweilige Basis durch feste Abschottung von anderen und mittels ständiger Erregung von jedem »Gerede« miteinander und mit Andersdenkenden abhalten, bleibt der sachlich falsche Verschwörungsmythos wirksam. Wo immer Zeit und Raum für offene Diskussionen bleiben, scheitert Verschwörungsglaube.

Genau diese Mechanismen erkannte Jörg Baberowski auch bei der Radikalisierung der russischen Kommunisten zum Stalinismus. »Lenin selbst hatte 1921 den Beschluß erzwungen, die Gründung von Fraktionen innerhalb der Partei nicht mehr zu erlauben.« An die Stelle von Debatten traten daraufhin »Rituale der Einheit«, denen sich niemand mehr widersetzen durfte. Der später ausgestoßene und ermordete Leo Trotzki verkündete noch auf dem 13. Parteitag im Mai 1924: »Es ist nur möglich, mit der Partei und durch die Partei recht zu haben, denn andere Wege zur Verwirklichung dessen, was recht ist, hat die Geschichte nicht geschaffen.«[165]

Obwohl Lenin kurz vor seinem Tod noch vor Stalin gewarnt hatte, gelang es diesem, sich zunächst die Partei und dann den gesamten Sowjetstaat zu unterwerfen. Jedes eigenständige »Gerede« über irgendeine Entscheidung Stalins konnte von nun an als »Widerrede« gegen »die Partei« zum Tod führen: »In der Selbstkritik vollzog der Delinquent ein Unterwerfungsritual. Sie diente dazu, Feinde zu entlarven und ›Verräter‹ öffentlich zu erniedrigen und auf ihre physische Vernichtung vorzubereiten.«[166]

Stalin selbst endete 1953 elendig, weil sich seine Wachen stundenlang nicht getraut hatten, sein Schlafzimmer zu betreten – und die herbeigerufenen Parteioberen dann angesichts des hilflosen Diktators »im durchnäßten Pyjama« kollektiv entschieden, ihn weitere Stunden hilflos liegen und so sterben zu lassen. Noch während der Diktator dahindämmerte, trafen sich die Mitglieder des Politbüros in seinem Arbeitszimmer und diskutierten »offen und ohne Furcht über die Neuordnung der Macht«. Stalins Tochter Swetlana erinnerte sich später an seinen letzten »furchtbaren Blick, halb wahnsinnig, halb zornig, voll Entsetzen vor dem Tode«. Noch einmal »hob er plötzlich die linke Hand (die noch beweglich war) und wies mit ihr nach oben, drohte uns allen«.

Doch dann »riß sich die Seele nach einer letzten Anstrengung vom Körper los.«[167] Sobald er nicht mehr reden konnte, hatten sich Stalins überlebende Anhänger gemeinsam auf den Rückweg aus der Höhle gemacht und ihn allein zurückgelassen. Unter Stalins fünftem Nachfolger im Amt des KP-Generalsekretärs, Michail Gorbatschov, gab die Sowjetmacht schließlich ihren längst zerfallenen Wahrheits- und Machtanspruch auch gegenüber der Öffentlichkeit auf und implodierte.

Erschütterungen von Zeit und Raum durch neue Medien

Schon der Blick auf die historischen Beispiele Adornos legt eine Betrachtung des Verhältnisses von Medien und Zeiterfahrung nahe. So war der Hexenglaube von der Kirche jahrhundertelang als Aberglaube verworfen worden, kehrte aber mit der Verbreitung von Papier ab dem 13. Jahrhundert zurück, verband sich mit Antisemitismus und eskalierte mit der Einführung des Buchdrucks ab 1450. Die zehntausendfachen Hexenverbrennungen sind also gerade kein Phänomen des angeblich »finsteren Mittelalters«, sondern der frühen Neuzeit vom 15. bis ins 18. Jahrhundert. So eskalierte auch der Verschwörungsmythos, nach dem Juden und Hexen gemeinsam den »Hexensabbat« begehen und christliche Kinder töten würden, um aus diesen »Hexensalbe« zu fertigen, mit frühen Bestsellern der Druckerpressen wie dem »Hexenhammer« von 1486. Noch 2018 erlebte genau diese alte antisemitisch-frauenfeindliche Verschwörungsfantasie eine digitale Neuauflage durch »QAnon« und den Mythos von angeblichen unterirdischen Fabriken, in denen Juden und Demokratinnen entführte Kinder quälen würden, um aus ihnen den Stoff Adrenochrom zu gewinnen.[168]

Die National- und Politikbewegungen vom Hellenismus bis zum Kommunismus, aber auch der Liberalismus und der Kemalismus wurden ebenso wie demokratische Republiken erst mit schnellen Publikationsmedien (bis hin zu Tageszeitungen!) möglich. Von Bismarcks telegrafisch verkürzter »Emser Depesche« über Hitlers »Volksempfänger« und antisemitische Propagandafilme wie

»Jud Süß« bis hin zum multimedialen Personenkult um Stalin erfolgte die brutale nationalistische Expansion populistischer Großreiche durch den gezielten Einsatz elektronischer Medien (Funk, Radio und Film), die immer mehr an Bedeutung gewannen.

Und nun also, zu Beginn des 21. Jahrhunderts, sammeln sich wieder weltweit demokratische und antirassistische Bewegungen, werden zeitgleich aber auch Demokratien von populistischen Digitalbewegungen erschüttert, die sich um medienbegabte Autoritäre wie Wladimir Putin, Recep Tayyip Erdogan, Viktor Orbán, Jair Messias (!) Bolsonaro und Donald Trump scharen.

Und dieser zeitliche Zusammenhang erweist sich als nicht zufällig. Der kanadische Historiker Harold A. Innis (1894–1952) veröffentlichte bereits 1950 die These, wonach die Dominanz immer schnellerer Medien zu einer Veränderung des gesamten Zeitempfindens, von Politik und Gesellschaft führen würde. Als »Medien, die die Zeit betonen« galten ihm jene, die nur langsam zu vervielfältigen waren, wie das aus Tierhäuten gefertigte Pergament oder Lehm und Stein. Sie würden langsamere, dezentrale Hierarchien

– etwa verstreute Kleinkönigreiche – hervor-
bringen. »Medien, die den Raum betonen«
wie Papyrus und Papier, Radio, Film und –
lange nach Innis Tod – das Internet würden
dagegen große, dynamische, demokratische
oder populistische Staaten und Staatenbün-
de begünstigen. Größere politische Einhei-
ten wie »Imperien« würden sogar nur dann
»blühen« können, wenn »die Zivilisation den
Einfluss von mehr als einem Medium reflek-
tiert und die Tendenz dezentralisierender
Medien mit jenem zentralisierender Medien
ausbalanciert«.[169]

Sein noch sehr viel bekannterer Schüler
Marshall McLuhan (1911–1980) spitzte
diese Beobachtungen zur These zu: »The
medium is the message« – »Das Medium ist
die Botschaft«. So transportiere jedes Medium – die Rede, der Brief, das Bild, das Video
usw. – nicht nur Inhalte, sondern »übersetzt
und verwandelt Sender, Empfänger und Botschaft«.[170]

Bereits 1962 formulierte McLuhan geradezu poetisch, die Kombination des im achten Jahrhundert in China entwickelten Buchdrucks mit dem europäische Alphabet habe
die »Gutenberg-Galaxis« geschaffen und die

»Entstehung des typographischen Menschen« hervorgebracht: »Wer zum erstenmal den Einbruch einer neuen Technik erlebt – handle es sich um das Alphabet oder das Radio –, reagiert auf äußerst lebhafte Weise, weil die neuen Sinnesverhältnisse, die von der technischen Erweiterung des Auges oder Ohres geschaffen werden, den Menschen vor eine überraschende neue Welt stellen.« Der daraus folgende »anfängliche Schock« könne erst bewältigt werden, »wenn sich die ganze Gemeinschaft dem neuen Wahrnehmungshabitus anpaßt«. Daher bestehe »die eigentliche Revolution« erst »in dieser späteren und längeren Phase der ›Anpassung‹ des gesamten persönlichen und gesellschaftlichen Lebens an das durch die neue Technik geschaffene neue Wahrnehmungsmuster«.[171] So hätten die elektronischen Medien »die Menschenfamilie« in die keineswegs selbstverständlichen Netzwerke eines »globalen Dorfes« geworfen: »Wir leben in einem einzigen komprimierten Raum, der von Urwaldtrommeln wiederhallt.«[172]

Ist das nicht genau das, was wir derzeit digital erleben?

Prognose:
Kein Staatsstreich für Donald Trump

Ob wissenschaftliche Erklärungen irgendeinen Wert haben, zeigt sich wesentlich auch daran, ob sich aus ihnen Prognosen für die Zukunft ableiten lassen.

Und tatsächlich komme ich im Hinblick auf die kommenden US-Präsidentschaftswahlen im November 2020 zu einer anderen Voraussage als der von mir sehr geschätzte Sascha Lobo. Dieser hat in seiner »Spiegel online«-Kolumne vom 3. Juni 2020 prognostiziert, dass »niemand« mehr den amtierenden Donald Trump »an einem Staatsstreich hindern« könne, den »er und seine Verbündeten« lange vorbereitet hätten.[173]

Gern möchte ich – ich schreibe dies Mitte Juni 2020 – dagegen die Prognose wagen, dass Trump den Kampf der kommenden Monate bereits verloren hat.

Im Wahlkampf und auch im Präsidentenamt ist es ihm gelungen, nicht zuletzt durch den gekonnten Einsatz digitaler Medien, eine fanatische Anhängerschaft um sich zu scharen. Schon ab 2017 sammelten sich ergebene Verschwörungsgläubige um einen anonymen Twitter-Account als »QAnons« und hofften auf die baldige apokalyptisch-messianische Zerschlagung des »Deep State«, eines vermeintlichen »Staates im Staate«, in dem angeblich Verschwörer Recht und Gesetz unterlaufen. So waren für den 20. April – in 2020 gleichzeitig der Schoah-Gedenktag und Adolf Hitlers Geburtstag – weltweite Befreiungen von Kindern aus geheimen Adrenochrom-Lagern angekündigt worden, für den 9. Mai die siegreiche Wiederholung der Jalta-Konferenz mit Wladimir Putin und für den 15. Mai die Endschlacht nach der Einführung eines weltweiten Zwangsimpfung durch die »Neue Weltordnung« (NWO).

Doch während Trumps Anhängerschaft fehlgeschlagene Prophezeiungen durch eine Steigerung der Erregung noch immer abtun konnte, beging der Präsident einen kapitalen Fehler: Zuerst deutete er die anschwellenden Proteste nach der Tötung von George Floyd durch weiße Polizisten als Ergebnis einer linken »Antifa«-Verschwörung, dann drohte er mit dem Einsatz von Gewalt – und ließ sich angesichts der Proteste schließlich vom Secret Service in den Bunker unter dem Weißen Haus evakuieren. Das Licht im Weißen Haus erlosch und mehr als zehn hochemotionale Stunden lang verstummte Trump medial, auch auf Twitter. Er floh und stellte die Kommunikation mit seiner Anhängerschaft ein. Er gab ihnen die Gelegenheit zum »Gerede«.

Die Versuche Trumps, diese Scharte auszuwetzen, machten den Bruch des Mythos noch schlimmer: Seine wieder einsetzenden Tweets wurden nun als panisch interpretiert, und sein durch prügelnde Polizisten erzwungener »Spaziergang« zu einer nahen Kirche, vor der er mit einer Bibel posierte, führte zu Empörung und Distanzierungen gerade auch durch Geistliche und Sicherheitskräfte. Trump hatte seiner teilweise rassistischen Anhängerschaft eine Mauer zu Mexiko versprochen – nun musste er sich von den Mauern des Weißen Hauses vor dem eigenen Volk schützen lassen. Was für ein schreckliches Bild für einen Anführer, der doch vorgab, das Volk ins Licht zu führen!

Wenn meine These stimmt, hat mit Trumps Flucht in den Bunker der Zerfall des

»QAnon«-Verschwörungsmythos begonnen. Ergebene apokalyptische Anhänger werden sich weltweit weiter um ihn als vermeintlichen Messias scharen und in einzelnen Fällen auch zu Gewalt greifen. Aber der Zweifel – das »Gerede« – hat auch Trumps Republikanische Partei, die Regierung, das Militär, Polizei und Justiz erreicht und Absetzbewegungen ausgelöst.

Immer mehr Leuten wird klar, dass Trump zwar noch so etwas wie eine Endschlacht herbeiführen, diese aber nicht mehr gewinnen kann. Und je mehr Zweifler sich abwenden, desto schneller wachsen die Zweifel.

Trump hatte seine Anhänger in die platonische Höhle des Verschwörungsglaubens geführt und ihnen tatsächlich eine Art »Staatsstreich« gegen den »Deep State« versprochen. Doch dann hat er mitten in einer weiteren Eskalation selbst demonstriert, dass es sich um einen ausweglosen Bunker handelt – und damit die »Leidenschaften« wachsender Mehrheiten gegen sich gewendet. Ihm wird also nach meiner Einschätzung nur noch die Wahl bleiben, friedlich oder unter Gewaltandrohung abzutreten.

Trumps Bunker ist Symbolbild und Manifestation der platonischen Höhle und Sackgasse für neuzeitliche Entwürfe apokalyptischer Tyrannei.

3. Freiheit statt Verschwörungsglauben

»Wenn du etwas beweisen musst,
dann bist du nicht frei.«
Edith Eger (2017)[174]

Als Beauftragter einer Landesregierung gegen Antisemitismus kann man zwar bekannt, aber kaum beliebt werden. Denn die meisten Menschen halten einen für die Personifizierung des Vorwurfs und des schlechten Gewissens. Sie glauben noch, beim Kampf gegen eigene tiefsitzende Vorurteile und Verschwörungsmythen gehe es darum, sich Schuld einreden zu lassen. Die häufigste Begrüßung, die ich zu hören bekomme, lautet in tausendfachen Variationen: »Herr Dr. Blume, wir hier finden Ihre Arbeit unglaublich wichtig! Aber bitte machen Sie sie woanders.«

Oft und gern bin ich in Schulen – wobei mir die Schülerinnen und Schüler am Anfang immer wieder leidtun. Da sitzen sie zu

Hunderten in Hallen und Sälen, verdonnert, einem Religionswissenschaftler aus der Landeshauptstadt zuzuhören. Einige sind interessiert und dankbar für die Abweichung vom Schulalltag, viele aber skeptisch, nicht wenige ablehnend.

Da ist der Junge, dem die Eltern gestern noch erklärt haben, er solle sich »nur keine Schuldgefühle dafür einreden lassen, Deutscher zu sein. Andere Völker hatten auch ihre Verbrechen, interessiert ja nur keinen!« Neben ihm sitzt das Mädchen, das immer wieder wegen ihrer dunkleren Haut gehänselt wurde und sich Fremden gegenüber als Italienerin ausgibt. Denn bei Roma denken die meisten doch nur: »Zigeuner«, und beim Gedenken an den Holocaust wird selten auch an ihre ermordeten Angehörigen erinnert. Dort ist der Jugendliche, der sich mit Marie gestritten hat und sich fragt, ob er sich ihre Arroganz nur einbildet oder ob sie ihn tatsächlich wegen seines türkischen Namens von oben herab behandelt? Und ausgerechnet jetzt soll er Sympathie für Juden aufbringen? Denen gehört doch eh die halbe Welt – und wer denkt schon an die Palästinenser!

Inmitten ihrer Freundinnen sitzt seine Schwester, die zuletzt wegen ihres islamischen Glaubens zwischen die Fronten geraten ist. Den Eltern versucht sie den Unterschied zwischen Tradition und Religion aufzuzeigen; der Klassenlehrerin zu beweisen, dass sie zwar regelmäßig betet, aber dennoch keine Fundamentalistin ist. Sie hat entdeckt, dass die meisten Propheten Juden waren. Aber einige haben behauptet, das zeige nur, wie viel Gutes Gott ihnen angeboten habe – und wie verstockt und böse sie doch seien, da sie viele Propheten verfolgt und getötet hätten. Sie ist verwirrt und neugierig.

Nahe ihrer deutsch-albanischen Freundin sitzt Hannah, die zu dieser Veranstaltung mit Magenschmerzen gekommen ist. Sie will ein normales jugendliches Leben führen und selbst entscheiden, wann sie sich mit ihrer jüdischen Religion identifiziert. Ihre Wangen brennen, wenn sie daran denkt, dass die Klassenlehrerin sie letzten Monat ohne Rücksprache in eine Gruppenarbeit zum Dritten Reich eingewiesen hat. »Nehmt doch die Hannah dazu, die kennt sich mit dem Holocaust doch bestimmt aus.« Auch wenn es vielleicht nur gedankenlos war, wird Hannah die Blicke der anderen nicht vergessen. Sie war als anders, als Opfer markiert worden. Und hätte sie sich beschwert oder ihre Eltern eingeschaltet, so wäre alles noch viel bekannter geworden. Wenn Opfer sichtbar Gefühle zeigen, so empfindet es Hannah, dann machen sie sich nackt. Sie hat die Gruppenarbeit also mitgemacht, sich nichts anmerken lassen und sich danach beschmutzt gefühlt. Sie schämt sich, ohne genau zu verstehen, wofür.

In der ersten Reihe sitzt ein nachdenklicher Klassenlehrer. Neulich wurde er von einer Schülerin darauf aufmerksam gemacht, dass in einer WhatsApp-Chatgruppe üble rassistische Sprüche und Bilder geteilt wurden. Einer hatte angefangen, eine andere reagiert, dann eskalierte es. Nun ringt der Lehrer mit sich, ob er das ansprechen oder sogar anzeigen soll. Die Schulleiterin riet ihm, mich doch einfach nach meiner Einschätzung zu fragen. Aber da ich doch vom Staatsministerium bin – wäre das dann nicht auch gleich eine Anzeige? Soll er einfach behaupten, er frage ganz allgemein oder für einen Freund aus einer anderen Schule?

Besonders engagiert ist die Lehrerin, die sich wegen der Rückkehr des Traditionalismus Sorgen macht. Schülerinnen, die wieder Jesus loben oder sogar ein Kopftuch tragen – wofür hat ihre eigene Generation denn gegen das Patriarchat gekämpft?! Ihr ist aufgefallen, dass die religiösen Familien im Durchschnitt mehr Kinder haben, fast alle ihre christlichen oder islamischen »Sorgenkinder« haben zwei oder drei Geschwister. Braut sich da eine neue Allianz der Fundamentalisten zusammen? Die Massenmorde des Holocaust findet die Lehrerin ganz schlimm, klar. Und eigentlich sagt man ja inzwischen Schoah. Aber die Politik des israelischen Regierungschefs Netanjahu und seiner ultraorthodoxen Koalitionspartner wird man ja wohl noch kritisieren dürfen?! (Und ja, das darf man natürlich.)

All diesen – und Tausenden anderen – Personen durfte ich in ihrer Einzigartigkeit begegnen. Und das ist, ehrlich gesagt, auch der tiefste Grund, warum ich diese Aufgabe noch immer gern ausfülle. Denn jeder Mensch ist einzigartig und wertvoll. Mir ist klar, dass ich nie alle erreichen kann – aber es wäre eine Schande, nicht um jede und jeden zu kämpfen. Die Säkularisierung greift auch in den Schulen um sich und kontrastiert die Religiosität weniger, oft kinderreicher Familien mit Umgebungen, die jede Form der Religionsausübung »seltsam« finden. Die Vermutung, dass Jüdinnen und Juden es eben mit dem »Anders-sein-Wollen« durch ihre Religion übertrieben und damit das Mobbing auf sich geladen hätten, ist weit verbreitet. Hilfreich dagegen ist, dass sich auch immer wieder Angehörige kleinerer religiöser Traditionen – etwa kleinerer Kirchen, Bahai, Ezidinnen, Hindus, Alevitinnen, Sikhs, Buddhistinnen – melden, die längst ebenfalls zur Vielfalt und Zukunft unseres Landes gehören. »Die« Klasse mit »der« Religion oder Weltanschauung war wohl meist eher Klischee als Realität; heute ist eine zunehmende Vielfalt zugleich Herausforderung und Chance für jede Schulgemeinschaft.

»Falsche Erinnerungen« und der Rothschild-Verschwörungsmythos

Die jungen Generationen bilden nicht den
Schwerpunkt bei Verschwörungsglauben,
Antisemitismus und Rassismus – diese werden von Älteren an Jüngere weitergereicht.
Allerdings gibt es gerade auch in Deutschland eine Entwicklung, die mir große Sorgen
macht: das Verschwinden der Zeitzeugen.
Damit sind einerseits NS-Verfolgte gemeint,
die oft Schulen besuchten, Vorträge und Lesungen hielten. Aber auch Angehörige, etwa
Großeltern, die von Not und Entbehrungen
des Krieges berichten konnten, verstummen
zunehmend. Zumal der Geschichtsunterricht
vielerorts ausgedünnt wurde und sich in-
haltlich zu oft in Wiederholungen verliert,
breiten sich über die digitalen Netzwerke
gemeinsame Feindbild-Verschwörungsmy-
then aus. Kaum eine Schule, an der nicht die
Tagebücher der Anne Frank bekannt wären.
Aber leider auch kaum eine Schule, in deren
WhatsApp-Gruppen nicht schon das höhni-
sche Meme einer Pizza-Schachtel »Anne
Frank ofenfrisch« gekreist wäre.

Die alten Antisemiten verharmlosten oder leugneten den Holocaust noch. Doch die neueren, jüngeren, libertären Antisemiten bauen ihn in ihre Verschwörungsmythen ein. Demnach habe die jüdische Bankiersfamilie Rothschild selbst die Weltkriege und die Massenmorde herbeigeführt, um die Gründung des Staates Israel zu erzwingen. Hitler sei schon als Kind missbraucht und zum Verschwörungsopfer abgerichtet worden, Eichmann »Volljude« gewesen. Dagegen seien die aschkenasischen Juden – einschließlich der Rothschilds – gar keine »echten« Semiten, sondern Nachfahren konvertierter Khasaren gewesen. Sie anzuprangern sei also auch kein Antisemitismus.[175]

Und schon heften sich, um ein Beispiel herauszugreifen, Impfgegner Judensterne an, weil sie sich als Opfer sehen,[176] und verhöhnen so die, die real verfolgt und ermordet wurden. Auch die Angst ums eigene Geld wird regelmäßig aktiviert. Der im Netz hochaktive antisemitische Libertäre Oliver Janich bezeichnete schon im »Kapitalismus-Komplott« von 2010 das »Zentralbankensystem« als »das größte Verbrechen der Menschheitsgeschichte«.[177]

Im libertären Antisemitismus lassen sich rechte, linke (etwa finanzmarktkritische) wie auch liberale – vor allem staats-, medien- und religionsfeindliche – Anliegen geschickt zu einer Art Querfront verknüpfen. Auch Jugendliche aus deutschen, arabischen und osteuropäischen Familien können sich auf diese antisemitische und rassistische Lesart der Geschichte einigen. Und wenn auch nur wenige aus der jungen Generation in diese Wahnwelt abdriftet, so steht ihnen doch eine nie gekannte Auswahl an Musik und Memes, vor allem aber an »interaktiven« WhatsApp- und Telegram-Gruppen, YouTube-Kanälen und Influencern zur Verfügung, die an der Absonderung und Radikalisierung ihrer Anhängerinnen und Anhänger auch ein finanzielles Interesse haben. Nicht zufällig greifen viele dieser Gruppendynamiken auf Mythen und Techniken der »False Memory«, der »Erinnerungsverfälschung«, zurück, durch die sich im 20. Jahrhundert massenhafte »Erlebnisberichte« über UFO-Entführungen und satanistische Sex-Kulte (die »Satanic Panic«) sozialpsychologisch festgesetzt und ausgebreitet hatten. Dabei werden Betroffene, die durchaus tat-

sächlich Traumata erlebt haben können, mit
Aufmerksamkeit und Zuwendung »belohnt«,
wenn sie von der Gruppe erwartete Opfer-
narrative konstruieren, ausbauen und wie-
derholen – bis sie schließlich nicht mehr von
tatsächlichen Erinnerungen zu unterscheiden sind.[178]

Während Zeitzeuginnen und Zeitzeugen
der NS-Geschichte verstummen, drängen
sich Kindern und Jugendlichen vermeintliche Opfer weltweiter jüdisch-satanistischer
Rothschild-Verschwörungen auf. Der Ein-
gang in die platonische Höhle – und Hölle –
ist heute digitalisiert und populärkulturell
als »Kaninchenbau« (nach Alice im Wunder-
land) und Einnehmen der »roten Pille« (nach
der Filmtrilogie »Matrix«) weithin etabliert.
Je mehr, je prachtvollere und je interaktivere
Medien unseren Kindern und Jugendlichen
zur Verfügung stehen, desto leichter fällt
der Absturz in »alternative Realitäten«.[179]

Was hilft gegen Verschwörungsglauben?

Immer wieder werde ich vor oder nach Veranstaltungen von – manchmal geradezu verzweifelten – Menschen gefragt, was sie gegen das Abgleiten von Bekannten, Freundinnen oder gar Familienangehörigen in den Verschwörungsglauben ausrichten können. Ich erläutere ihnen dann, dass das Abgleiten in die Verschwörungsmythen dem Abstieg in eine digitale Sekte gleicht, in der die Verschwörungsgläubigen nur noch Gleichgesinnten glauben wollen. Als Illustration eines – bisher eher harmlosen – Beispiels dafür empfehle ich den Film »Behind the Curve« (»Unter dem Tellerrand«) über die vor allem in den USA aktive Bewegung der Flach-Erdler. Diese bestreiten nicht nur die Kugelform der Erde, sondern auch die Gültigkeit selbstorganisierter Laser-Experimente – da diese entgegen ihren Erwartungen ausgefallen waren, doch sie hatten bereits zu viel in ihre »alternative Weltsicht« investiert. »Sich einzugestehen, dass man sich geirrt hat, würde damit zugleich einen Angriff auf das eigene Selbstwertgefühl bedeuten.«[180]

Für den Umgang mit Verschwörungsgläubigen empfehle ich ein Vier-Stufen-Modell:

1. Machen Sie sich bewusst, dass es hier kaum um ein rationales, sondern um ein emotionales Thema geht. Diskutieren Sie mit dem Verschwörungsgläubigen daher nicht dessen »Theorien«, die eben keine wissenschaftlichen Theorien sind und deshalb problemlos angepasst und erweitert werden. Erfragen Sie vielmehr gezielt die Emotionen und die Ängste, die sich hinter der Anfälligkeit für Verschwörungsmythen verbergen. Beraten Sie, ob etwas – und was – Abhilfe schaffen könnte.

2. Verweisen Sie auf seriöse Podcasts, Blogs und Bücher. Auch wenn Verschwörungsgläubige im direkten – vor allem im digitalen – Gespräch fast immer mauern, so sind sie in einer ruhigen Minute des Zweifels manchmal doch bereit, auch mal spezialisierte Aufklärungsangebote an sich heranzulassen. Mein Büro und ich haben uns schon sehr über einige dankbare Rückmeldungen zum kostenfreien und niederschwelligen Podcast »Verschwörungsfragen« gefreut, der als Weiterleitung

funktioniert habe (https://verschwoe-rungsfragen.podigee.io/).

3. Wenn zu befürchten ist, dass die Betroffenen sich selbst, Ihnen oder Dritten Schaden zufügen, empfehlen wir Beratungsgespräche mit Sektenausstiegsorganisationen. So haben wir gemeinsam mit dem Bund Gelder für das Beratungsprojekt OFEK aufgetan, an das sich Ratsuchende aus ganz Deutschland über www.verband-brg.de/ofek/ wenden können.

4. Wenn wir es mit erwachsenen Verschwörungsgläubigen zu tun haben, müssen wir uns dem Umstand stellen, dass sie die Verantwortung für ihr eigenes Denken und Tun selbst tragen. Es gibt sie leider immer wieder – die Bekannte, den Freund, die Mutter, den Ehepartner –, die sich für die Verschwörungsmythologie der platonischen Falle entscheiden und sogar Beziehungen ihres »früheren« Lebens abbrechen. In solchen Fällen müssen Sie sich schützen – vor einem Mit-Abgleiten in den Verschwörungswahn, vor sinnlosem Streit und auch vor Schuldgefühlen, die in Ihnen aufkommen könnten. Ich empfehle, dass Sie anbieten, im Fall einer Umkehr gern

wieder für ein Gespräch zur Verfügung zu stehen. Aber bis dahin akzeptieren Sie die Entscheidung des Betreffenden für den Verschwörungsglauben und gehen auf Distanz.

Ich sehe es als Teil meiner Aufgabe an, vor allem jüngere Menschen vor dem Abrutschen in Verschwörungsmythen, Platonismus und Dualismus zu beschützen. Zudem möchte ich Erwachsene – oft Eltern, Lehrende, Interessierte – durch Erzählungen vom erkenntnistheoretisch »reichen« Menschen unterstützen.

Gegen Verschwörungsglauben vortragen

Ich habe einige Grobentwürfe für Vorträge und Workshops parat, aber lese nie vom Blatt ab, da ich auf die Stimmungen, Erwartungen und Fragen im Raum reagieren möchte. Denn nicht nur jede Person, auch jede Schule – und in anderer Weise jedes Ministerium, jede Polizeieinheit, jede Religionsgemeinschaft, jedes Publikum – ist einzigartig. Schon die Schlagzeilen des aktuellen Tages können viel verändern und jeden Vorentwurf über den Haufen werfen. Deswegen plaudere ich gern einige Minuten vor Beginn mit Interessierten, um besser zu erspüren, was gerade Sache ist.

Grundsätzlich beginne ich damit, zu erklären, warum ich heute eigentlich dort bin. Ich muss dabei jene enttäuschen, die meinen, sie könnten sich hier Schuldgefühle abholen. Denn um Schuld geht es nicht – an den Verfolgungen und Morden des NS-Regimes war niemand der Anwesenden persönlich beteiligt. Ich bin auch nicht dort, um eine Vergangenheit zu »bewältigen«. Nein, ich bin dort, weil es um die Zukunft geht. Weil es darum geht, ob wir – gerade auch die Schülerinnen und Schüler – in einer Welt leben wollen, in der Menschen auf ihre Herkunft, Hautfarbe oder Religion festgelegt werden – oder in einer Welt, in der sie sich aus ihren jeweiligen Wurzeln heraus frei entfalten können.

Dann frage ich oft, ob mir jemand sagen kann, um wen es sich bei diesem Sem im Anti-Sem-itismus eigentlich handele. Wir entdecken, dass es einer der Söhne Noahs ist, der in der Bibel und auch im Koran – in der islamischen Tradition sogar als Prophet – gewürdigt wird.

Nun kläre ich auf, dass Sem aber nach den heiligen Texten gerade kein Begründer einer »Rasse« aus Juden und Araberinnen war; es gibt weder in den Schriften noch in den Naturwissenschaften klar abgegrenzte »Menschenrassen«. Nein, Sem hat nach der jüdischen Tradition des Talmud eine ganz andere Aufgabe erfüllt: Er war der erste Begründer eines Lehrhauses, einer Schule in Alphabetschrift. Ich versuche, die negativen und rassistischen Metaphern aufzubrechen und durch positive, lebensbejahende Mythen und Bilder zu ersetzen.

Nun können wir anhand des Noah-Mythos' monistische und dualistische Psychologie miteinander vergleichen: Braucht jede gute Erzählung ein Feindbild? Ist es eine wirklich gute Geschichte, wenn *alles* Gute auf der einen und *alles* Böse auf der anderen Seite zu finden ist? Oder bringen uns die wirklich wertvollen Geschichten auch dazu, über uns selbst nachzudenken?

Das Symbol des Regenbogens ist dabei nicht nur stark und positiv besetzt, sondern auch eindrucksvoll monistisch: Es ist das gleiche Licht, aus dem sich die Vielfalt der Farben entfaltet. Der Regenbogen ist nicht grau, sondern farbenbejahend, und wurde zum Beispiel zum Ende des Dreißigjährigen Krieges quer durch Europa als Friedenszeichen neu bekräftigt.

Bei einem Oberstufen-Publikum oder bei interessierten Erwachsenen erläutere ich dazu gern auch die Entwicklung vom Gilgamesch- zum Noah-Mythos als ein starkes Beispiel für die nie endende »Arbeit am Mythos«.[181]

Je nach Interessen der Schulen gehen wir dann dem Rassismus-Begriff nach, der Frauenfeindlichkeit und dem Hexenwahn, oder ich nehme die Zuhörenden mit in den Irak. Ich erzähle vom irakischen und kurdischen Judentum, vom Ezidentum und den verschiedenen islamischen Strömungen. Ich erzähle vom Glauben vieler Menschen jener Region, dass der »Islamische Staat« vom israelischen Geheimdienst Mossad gegründet worden sei und der türkische Präsident Erdogan »von den Zionisten eingesetzt«.

Die verschiedensten Erzählstränge und Erfahrungen laufen auf eine zentrale Botschaft hinaus: dass wir Menschen zum Glück verschieden, dabei aber gleichwertig sind. Juden, Schwarze, Frauen sind per se weder schlechtere noch bessere Menschen – und müssen es auch nicht sein. Es reicht, dass wir alle Menschen sind und jede von uns das Recht hat, als Individuum beurteilt zu werden. Und dabei geht es gerade nicht darum, »farbenblind« zu sein, sondern darum, Vielfalt zu bejahen – den und die andere also nicht *trotz,* sondern *mit* ihrer je einzigartigen Herkunft, Geschichte und Identität anzunehmen. Sprüche wie »Ich mag dich, obwohl du Jüdin bist«, »dass du schwarz bist, hat mich nie interessiert« oder »Frauen hatten im Krieg doch Glück, sie mussten seltener kämpfen« sind nicht aufgeklärt, sondern gefühllos und verächtlich. Es reicht nicht, wenn wir einander tolerieren (wörtlich: ertragen, erdulden); wir gewinnen, wenn wir einander akzeptieren (wörtlich: annehmen).

Sowohl im Irak – in dem wir extreme interkulturelle, interreligiöse und politisch-juristische Aufgaben zu lösen hatten – wie auch in meiner täglichen Arbeit machte ich die Erfahrung, dass Vielfalt jedes Team stärkt, weil jede und jeder Stärken wie auch blinde Flecken hat. Ein Chef und eine Chefin sind schwach, wenn sie sich nur mit Ähnlichen umgeben und damit Perspektiven verschenken. (Erstaunlich oft werde ich an dieser Stelle nach konkreten Beispielen gefragt. Offensichtlich bewegt diese Thematik sehr viel mehr Menschen, als gemeinhin angenommen wird.)

Vielfalt ist das Erfolgsrezept unserer Art: Wie alle Säugetiere pflanzen sich auch Menschen sexuell fort, womit jedes Individuum zu einer nie wiederholbaren biokulturellen Mischung und buchstäblich einzigartig wird. Davon profitiert wiederum jede Menschengemeinschaft, die vielfältig, dadurch gegenüber Verfolgern wie Krankheitserregern widerstandsfähiger und gegenüber Zukunft und Chancen entdeckungsfreudiger sein kann. In dieser Entfaltung von Vielfalt berühren sich Naturwissenschaften und die biblische Lehre, nach der sich Gottes Größe in der Vielfalt seiner »Ebenbilder« zeigt.

In einem letzten Teil gehe ich mit den Zuhörenden einige Verschwörungsmythen durch. In Workshops werfe ich auch gern gleich am Anfang die Pyramide von der Dollarnote an die Wand und frage in die Runde, was den Anwesenden dazu einfällt. Schon ab Klasse 5 sind »Illuminati« präsent, weitere vermeintliche Weltverschwörer wie Freimaurer, Bilderberger, Rothschilds, die »Weisen von Zion« sowie Songs etwa von Kollegah, Xavier Naidoo oder Lisa Fitz nicht fern.[182] Wir lösen exemplarisch einige dieser Mythen auf und entdecken die sehr viel spannenderen Realitäten hinter den Verschwörungslügen.

Mir geht es nicht darum – und damit beende ich meine Vorträge und Workshops, wann immer möglich auch –, Menschen mit Vorurteilen und Verschwörungsmythen zu verurteilen: Wir alle haben solche geerbt und nehmen sie auch unbewusst weiter auf. Die Frage ist, ob wir uns von negativen Überzeugungen und Verschwörungsmythen gefangennehmen lassen oder ob wir sie von uns aus aufgreifen und aufbrechen und damit auch selbst freier werden. Dies wird uns umso leichter fallen, je früher wir damit anfangen – und vor allem, je weniger Schuldgefühle wir dazu bereits aufgehäuft haben. Wer bereits viele Jahre in Hass- und Verschwörungsgruppen mitgemacht, Andersdenkende bereits verbal und vielleicht auch körperlich angegriffen hat, wird sehr viel seltener aus der Höhle finden als jemand, der bereits am Anfang kehrtgemacht hat.

Deswegen dient der Kampf gegen Rassismus, Antisemitismus, generell gegen Menschenfeindlichkeit und Verschwörungsmythen gerade nicht der »Vergangenheitsbewältigung«, sondern ganz direkt einer besseren, freieren Zukunft! Und das ist ein weiterer Grund, warum ich so gern an Schulen gehe – und die Weiterentwicklung von Lehre, Bildungsplänen und Schulpsychologie für ein gesellschaftliches Schlüsselthema halte.

Die Arbeit und die Freiheit von Edith Eger

Falls die Psychologie der Schuldgefühle und erfolgreiche Strategien zu deren Überwindung Sie interessieren, so kann ich kein tieferes, schmerzhafteres, aber auch hoffnungsvolleres Buch empfehlen als die Autobiografie der Auschwitz-Überlebenden Edith Eger. Als Kind ins Konzentrationslager eingeliefert, wurde sie vom NS-Arzt und

Massenmörder Josef Mengele (1911–1979) als »Tänzerin« ausgewählt und überlebte knapp. Sie musste aber die Verweisung ihrer Mutter in die Gaskammer miterleben und kämpfte deswegen bis ins hohe Alter mit Schuldgefühlen.

Doch Eger zerbrach nicht, sondern wurde eine herausragende Schülerin des bedeutenden Neurologen und Psychiaters Viktor Frankl (1905–1997). Von ihm übernahm sie die Erkenntnis, dass man Menschen aller Freiheiten berauben kann, so wie sie es im KZ erlebt hatte, bis auf eine: Niemand kann uns verbieten, auch noch die schlimmsten Erfahrungen zu deuten und ihnen einen Sinn abzuringen. Das Böse mag noch so stark sein – ohne unsere Zustimmung kann es uns nicht in die Höhle und Hölle des Verschwörungsglaubens zwingen.

Eger wurde eine herausragende Psychologin und Mutter, die anderen Menschen half, sich aus den Verstrickungen von falschen Schuldgefühlen und Blockaden zu befreien, Verantwortung für sich und andere zu übernehmen, Gewalt einzustellen oder gar nicht erst auszuüben sowie Vorurteile zu überwinden und Versöhnung anzustreben. Im hohen Alter wagte sie sich schließlich nach Berchtesgaden und sogar zurück nach Auschwitz, um sich selbst den Dämonen ihrer Vergangenheit zu stellen. Nun endlich konnte sie das Tor mit der diabolischen Lüge »Arbeit macht frei« durchschreiten und erkennen, dass *ihre* psychologische Arbeit mit anderen und auch mit sich selbst sie tatsächlich befreit hatte.[183]

Hitler hatte auf den blumenbergschen »armen« Menschen gesetzt und selbst den größten Teil des Volkes, dem zu dienen er vorgab, insgeheim verachtet. So brach es auch in »Mein Kampf« aus ihm heraus: »Die Majorität kann auch hier den Mann niemals ersetzen. Sie ist nicht immer nur eine Vertreterin der Dummheit, sondern auch der Feigheit. Und so wenig hundert Hohlköpfe einen Weisen ergeben, so wenig kommt aus hundert Feiglingen ein heldenhafter Entschluß.«[184]

Edith Eger aber gelang es, ihren Glauben daran zu entfalten, dass jeder Mensch ein »reicher Mensch« sein und sich aus den Verstrickungen von falschen Schuldgefühlen, Hass und Verschwörungsmythen befreien kann. Der letzte Satz ihrer Autobiografie ist ein Appell an ihre Leserinnen und Leser: »Mein Schatz, du kannst dich entscheiden, frei zu sein.«[185]

Niemand muss in der platonischen Höhle – und Hölle – verbleiben.

Danke

Dieses Buch verdankt seine Entstehung vielen tiefen digitalen und analogen Diskussionen mit Menschen, die die Gefahren des Verschwörungsglaubens und Antisemitismus besser verstehen und abwehren wollen, sowie der Ermutigung durch meinen Lektor Burkhard Menke.

Wesentliche Impulse verdanke ich den vielen guten, freundschaftlichen und tiefen Gesprächen mit Lisa Stengel, Prof. Barbara Traub, Rami Suliman, Hes Sedik, Prof. Jan-Ilhan Kizilhan, Irene Mundel, Dr. des. Jan Wysocki, Alina Dorn, Barbara Stalter, Simone Helmschrott, Dr. Christian West, Mario Kaifel, Willy Elser, Abid Shamdeen, Nadia Murad, Eva und Dr. Roland de Beauclair, Susanne Rodich, Johannes Kretschmann, Vera Mrfka, Hubert Wicker, Blanka und Carsten Wagner, Florian Hassler, Familie Fuchs, Sabine und Jens Schmidtmann. Danke, dass ihr mich mitsamt meiner ewigen Neugier annehmt und sicher auch manchmal ertragt. Es ist ein Privileg, Abenteuer erleben zu dürfen mit

Menschen, die täglich mit darum ringen, die Welt besser zu verstehen und zu gestalten.

Noch mehr lerne ich durch meine Frau Zehra und unsere Kinder Melissa, Benian und Elyas. Ich staune immer wieder, wie ihr mich gleichzeitig festhalten und doch zum Schreiben freilassen könnt. Ich danke euch und ich danke Gott dafür, dass wir gemeinsam durch die Covid-19-Pandemie gefunden haben.

Stellvertretend für die Dutzenden wissenschaftlichen Kolleginnen und Kollegen, von denen ich viel lernen durfte, ohne je alle Texte und Gespräche zitieren zu können, danke ich Prof. Annette Leßmöllmann, Stefanie Lomuscio und Prof. Samuel Salzborn. Wenn Sie in diesem Jahr nur ein naturwissenschaftliches Werk lesen wollen, so empfehle ich das launig-tiefe Buch von Franca Parianen: »Woher soll ich wissen, was ich denke, bevor ich höre, was ich sage?«

Der Autor

Dr. Michael Blume ist Religions- und Politik-
wissenschaftler. Der evangelische Christ ist
mit einer Muslimin verheiratet und leitete
bis Juni 2020 das Referat »Nichtchristli-
che Religionen, Werte, Minderheiten und
Projekte Nordirak« im Staatsministerium
Baden-Württemberg. Für seinen Blog wurde
er 2009 von den führenden Wissenschafts-
bloggern mit dem Scilogs-Preis ausgezeich-
net; als erster Deutscher wurde er in das
internationale Forschernetzwerk der Evolu-
tionary Religious Studies berufen. 2015/16
verantwortete er das Sonderkontingent des
Landes für schutzbedürftige Frauen und
Kinder aus dem Nordirak. Er hat über Religion und Hirnforschung (»Neurotheologie«)
promoviert. Er wurde im März 2018 von der
Landesregierung Baden-Württemberg zum
ersten Beauftragten gegen Antisemitismus
in Deutschland berufen. Michael Blume lehrt
Medienethik am Karlsruher Institut für
Technologie (KIT) und bloggt bei den scilogs
von Spektrum der Wissenschaft. Bei Patmos
außerdem: »Islam in der Krise. Eine Weltreli-

gion zwischen Radikalisierung und stillem Rückzug« (2017) und »Warum der Antisemitismus uns alle bedroht. Wie neue Medien alte Verschwörungsmythen befeuern« (2019) – beide auch als AudioBook.

http://www.blume-religionswissenschaft.de/

Anmerkungen und Literatur

1 Adorno, Theodor (1967/2019): *Aspekte des neuen Rechts-radikalismus.* Suhrkamp, S. 54
2 Sacks, Jonathan (2015): *Not in God's Name. Confronting Religious Violence.* Herder, S. 196
3 San Diego Union Tribute (2007): *Heaven's Gate. A Timeline.* Web-Archive, abgerufen am 1. 6. 2020 unter: https://tinyurl.com/hgtimeline
4 Lewis, James (2003): *Legitimating Suicide. Heaven's Gate and New Age Ideology.* In: Partridge, Christopher (Hrsg.) (2003): *UFO Religions.* Routledge, S. 103–128, Zitat S. 126
5 Schell, Michèle (2019): *Vor 25 Jahren: Massensuizid der Sonnentempler in der Romandie.* Neue Zürcher Zeitung vom 5. 10. 2019, abgerufen am 9. 6. 2020 unter: https://tinyurl.com/nzzsonnentempler
6 Baberowski, Jörg (2012): *Verbrannte Erde. Stalins Herrschaft der Gewalt.* C.H. Beck, S. 129
7 Baberowski 2012, S. 303
8 Baberowski 2012, S. 490
9 Hitler, Adolf (1945): *Politisches Testament.* Gesamttext und historische Einordnungen unter: https://de.wikipedia.org-wiki/Politisches_Testament_Adolf_Hitlers
10 Eine ausführliche Besprechung von Knechtels Buch »Die Rothschilds. Eine Familie beherrscht die Welt« (2015) hier: https://tinyurl.com/rothschildmythos
11 Malessa, Andreas (2019): *Eine Blume für Zehra. Liebe bis zu den Pforten der Hölle.* bene!
12 Kizilhan, Jan-Ilhan (2016): *Die Psychologie des IS. Die Logik der Massenmörder.* Europa
13 Blume, Michael (2017): *Islam in der Krise. Eine Weltreligion zwischen Radikalisierung und stillem Rückzug.* Patmos
14 Blume, Michael (2019): *Warum der Antisemitismus uns alle bedroht. Wie neue Medien alte Verschwörungsmythen befeuern.* Patmos
15 Vgl. dazu den vom Landtag angenommenen Bericht des Beauftragten gegen Antisemitismus BW, Drucksache 16/6487, abgerufen am 9. 6. 2020 unter: https://tinyurl.com/antisemitismusberichtbw

16 Dazu ein erster Bericht schon vom 29. 1. 2020, Wochen vor der Verhängung von Ausgangsbeschränkungen, auf den scilogs von Spektrum der Wissenschaft, abrufbar hier: https://tinyurl.com/soroswuhanmythos

17 Rottscheidt, Ina (2020): *Libertärer Antisemitismus – Hygienedemos verbreiten Mythos einer Neuen Weltordnung.* Deutschlandfunk vom 29. 5. 2020, abgerufen am 9. 6. 2020 unter: https://www.deutschlandfunk.de/libertaerer-antisemitismus-hygienedemos-verbreiten-mythos.886.de.html?dram:article_id=477618

18 Rosling, Hans (2018): *Factfulness. Wie wir lernen, die Welt so zu sehen, wie sie wirklich ist.* ullstein

19 Adorno 1967/2019

20 Adorno 1967/2019, S. 53

21 Blumenberg, Hans (1993): *Wirklichkeiten in denen wir leben.* Reclam, S. 129

22 Adorno 1967/2019, S. 55

23 Stangneth, Bettina (2016): *Böses Denken.* rowohlt, S. 244

24 Heidegger, Martin (1938/39) & Trawny, Peter (2014): *Überlegungen VII–XI (Schwarze Hefte 1938/1939).* Klostermann, S. 16

25 Gazdar, Kaevan (2010): *Zwischen Dichtern und Denkern, Richtern und Henkern. Auf der Suche nach deutscher Identität.* Olzog

26 Carter, Rita (2014): *Das Gehirn.* Dorling Kindersley, S. 7

27 Blaffer Hrdy, Sarah (2010): *Mütter und andere. Wie die Evolution uns zu sozialen Wesen machte.* Berlin, S. 395

28 Carter 2014, S. 138–139

29 McCauley, Robert (2015): *Maturationally Natural Cognition Impedes Professional Science and Facilitates Popular Religion.* In: Bestard, Joan & Salazar, Carles (2015/2019): *Religion and Science as Forms of Life.* berghahn, S. 25–48

30 Fetchenhauer, Detlef (2011): *Psychologie.* Vahlen, S. 67–70

31 So auch nach Friedrich Weinreb: »Es scheint, daß mit dem Gefühl, man werde den wirklichen Sinn des Lebens doch nie finden können, auch jene spannende Lektüre aufkam, die als Detektivgeschichte so beliebt ist.« In: Weinreb, Friedrich (1980): *Hat der Mensch noch eine Zukunft?* Ohrigo, S. 50

32 brenz.de (2020): *Social Media Rückzug: Warum Michael Blume sich von den sozialen Medien verabschiedet hat.* Abgeru-

fen auf YouTube am 30. 5. 2020 unter: https://youtu.be/1VaD1T1MB7k

33 Vollmer, Gerhard (2010): *Menschliches Erkennen in evolutionärer Sicht.* In: Oehler, Jochen (2010): *Der Mensch – Evolution, Natur und Kultur.* Springer, S. 141–154

34 Blumenberg, Hans (1979/2017): *Arbeit am Mythos.* suhrkamp, S. 14

35 Taylor, Chris (2015): *Wie Star Wars das Universum eroberte.* Heyne

36 Atwood, David (2014): *Schwellenzeiten. Mythopoetische Ursprünge von Religion in der Zeitgeschichte.* Ergon, S. 26

37 Harari, Yuval Noah (2015): *Sapiens. Eine kurze Geschichte der Menschheit.* Pantheon, S. 41

38 Blumenberg, Hans (1993): *Wirklichkeiten in denen wir leben.* Reclam, S. 104

39 Blumenberg, Hans (1996): *Höhlenausgänge.* suhrkamp

40 Platon (1989): *Der Staat.* Meiner, S. 252–253

41 Lilla, Mark (2015): *Der hemmungslose Geist. Die Tyrannophilie der Intellektuellen.* Kösel

42 Blumenberg 1993, S. 105

43 Cicero, Marcus Tullius (1976): *De Oratore / Über den Redner.* Reclam, S. 431–439, Zitat S. 434

44 Blumenberg 1993, S. 108–111, Zitat S. 111

45 Küng, Hans (1999): *Das Christentum. Die religiöse Situation der Zeit.* Piper, S. 173–177

46 Eine eindrucksvolle Recherche mit Schwerpunkt auf Rechtsesoterik bei Ginsburg, Tobias (2018): *Reise ins Reich. Unter Reichsbürgern.* Das Neue Berlin

47 Blumenberg 1993, S. 113

48 Ebd.

49 Cicero, Marcus Tullius & Fuhrmann, Manfred (2011): *Die Prozessreden. 2 Bände, Lateinisch-Deutsch.* Artemis und Winkler, S. 682–812 (Rede für L. Flacus), Zitate S. 707

50 Morstein-Marx, Robert (2004): *Mass Oratory and Political Power in the Late Roman Republic.* Cambridge University Press, S. 36–38

51 Nussbaum, Martha (2020): *Kosmopolitismus. Revision eines Ideals.* wbg Theiss, S. 316

52 Sacks, Jonathan (2015): *Not in God's Name. Confronting Religious Violence.* Hodder & Stoughton, S. 50

53 Salman von Liadi, Schneur & Magall, Miriam (2015): *Siddur Tehillat Haschem mit deutscher Übersetzung*. »Jüdisches«, S. 17

54 Müller, Klaus (1994): *Tora für die Völker. Die noachidischen Gebote und Ansätze zu ihrer Rezeption im Christentum*. SKI Band 15, S. 13

55 Moses ben Maimon (1995): *Führer der Unschlüssigen*. Meiner, S. 28–36

56 Wehr, Gerhard (2010): *Meister Eckhart. Texte und Kommentar*. marix

57 Wiesel, Elie (1998): *Die Weisheit des Talmud. Geschichten und Portraits*. Herder, S. 177

58 Wiesel 1998, S. 178

59 Steinsaltz, Adin (2011): *Die dreizehnblättrige Rose. Von den Geheimnissen der Kabbala und ihrer Bedeutung für unser Leben*. Crotona, S. 19

60 Steinsaltz 2011, S. 23

61 Sacks 2015, S. 51–52

62 Sacks 2015, S. 54–55

63 Totok, William (2011): *Sozialismus der dummen Kerls*. taz-Kommentar vom 12. 8. 2011, abgerufen am 31. 5. 2020 unter: https://taz.de/Kommentar-Antisemitismus/!5114292/

64 Watson, Peter (2010): *The German Genius. Europe's Third Renaissance, The Second Scientific Revolution, and the Twentieth Century*. Simon & Schuster UK, Klappentext Rückseite

65 Gazdar, Kaevan (2010): *Zwischen Dichtern und Denkern, Richtern und Henkern. Auf der Suche nach deutscher Identität*. Olzog, S. 17

66 Gazdar 2010, S. 18

67 Bowder, George (1996): *Hitler's Enforcers*. Oxford University Press, S. 136–138

68 Schmoll, Thomas (2018): *Standardwerk für Juristen. Benannt nach einem »glühenden Nazi«*. welt.de vom 20. 12. 2018, abgerufen am 22. 5. 2018 unter: https://www.welt.de/politik/deutschland/article184728450/Palandt-SPD-und-Gruene-fuer-Umbenennung-des-BGB-Kommentars.html

69 Lilla 2015, S. 55–59

70 Schmitt, Carl (1963): *Der Begriff des Politischen*. Duncker & Humblot, S. 26

71 Frey, James (2001): *The Key. Die Kraft des Mythos*. Emons, S. 82–83

72 Gottschall, Jonathan (2012): *The Storytelling Animal. How Stories Make Us Human.* Houghton Mifflin Harcourt, S. 45–49

73 Pörksen, Bernhard (2018): *Die große Gereiztheit. Wege aus der kollektiven Erregung.* Hanser, S. 47

74 Parianen, Franca (2017): *Woher soll ich wissen, was ich denke, bevor ich höre, was ich sage?* rowohlt Polaris, S. 290–291

75 Smith, Daniel & Migliano, Andrea et al. (2017): *Cooperation and the Evolution of Hunter-Gatherer Storytelling.* Nature Communications, DOI: 10.1038/s41467-017-02036-8

76 Gottschall 2012, S. 52

77 Frey 2001, S. 67–90

78 Shamus, Gareb (1994): *The Dark Book. A Comprehensive Look at Comic Book Villains.* Nelson, S. 6–7 (Byrne) & 128 (David)

79 Olschanski, Reinhard (2017): *Der Wille zum Feind. Über populistische Rhetorik.* Wilhelm Fink

80 Hitler, Adolf (1925/2016): *Mein Kampf. Band I.* Institut für Zeitgeschichte München, S. 353

81 Hitler 1925/2016, S. 353

82 Hitler 1925/2016, S. 355

83 Hitler 1925/2016, S. 225–231, Zitat S. 231

84 Lilla 2015, S. 25–28

85 Arendt, Hannah (2012): *Menschen in finsteren Zeiten.* Piper, S. 184

86 Homolka, Walter / Heidegger, Arnulf (2016): *Heidegger und der Antisemitismus. Positionen im Widerstreit.* Herder, S. 22

87 Trawny, Peter (2016): *Martin Heidegger.* Klostermann, S. 97–99

88 Jeffries, Stuart (2019): *Grand Hotel Abgrund. Die Frankfurter Schule und ihre Zeit.* Klett-Cotta, S. 321

89 Lilla 2015, S. 42–49

90 Trawny 2016, S. 27

91 Heidegger, Martin & Jung, Matthias (1995): *Phänomenologie des religiösen Lebens.* Vittorio Klostermann, S. 68–155

92 Heidegger, Martin (1926/2006): *Sein und Zeit.* Max Niemeyer, S. 205

93 Heidegger 1926/2006, S. 206

94 Ebd.

95 Heidegger 1926/2006, S. 281

96 Heidegger 1926/2006, S. 282

97 Heidegger 1926/2006, S. 284

98 Heidegger 1926/2006, S. 250–251

99 Heidegger 1926/2006, S. 190, Fußnote 1 mit Verweisen auf Augustin, Luther und Kierkegaard.

100 Augstein, Rudolf (1976): »Nur noch ein Gott kann uns retten«. Der Spiegel, 31. 5. 1976, S. 193–198

101 Lilla 2015, S. 39

102 Sacks 2015, S. 59

103 Sacks 2015, S. 61

104 Stangneth, Bettina (2016): Böses Denken. rowohlt, S. 190

105 Vgl. Schindler, Frederik (2020): »Wer Antisemitismus ernsthaft bekämpfen will, muss ans Eingemachte gehen.« – Streit über Achille Mbembe. Welt.de vom 6. 5. 2020, online abgerufen am 22. 5. 2020 unter: https://www.welt.de/politik/deutschland/article207771899/Streit-ueber-das-Werk-von-Achille-Mbembe-erreicht-deutsche-Politik.html

106 Wolfson, Elliot (2018): The Duplicity of Philosophy's Shadow. Heidegger, Nazism, and The Jewish Other. Columbia University Press, S. xviii–xxii

107 Stangneth 2016, S. 15

108 Sacks 2015, S. 61

109 Blume, Michael (2020): Wider den digitalen und politischen Judenhass (auch zu den Digitalmedien von Ivo Sasek) audiatur-online.ch vom 10. 4. 2020, abgerufen am 31. 5. 2020 unter: https://tinyurl.com/audiatursasek

110 Inwiefern man vor den rabbinischen Konzilien überhaupt von einem geschlossenen »Judentum« sprechen kann, diskutiert Daniel Boyarin in von Braun, Christina & Brumlik, Micha (2018): Handbuch Jüdische Studien. utb, S. 59–80. Seine Befunde zeigen deutlich, dass die Bedeutung der rabbinischen Kanonisierung des Monotheismus als Monismus und der damit verbundenen Abweisung hellenisch-philosophischer, synkretistischer und dualistischer Mythologien noch deutlich unterschätzt wird.

111 Kizilhan, Jan Ilhan & Cavelius, Alexandra (2016): Die Psychologie des IS. Europa, S. 65

112 Kizilhan & Cavelius 2016, S. 68

113 Kizilhan & Cavelius 2016, S. 71

114 Ebd.

115 Lohlker, Rüdiger (2016): Theologie der Gewalt. Das Beispiel IS. utb, S. 119–120

116 Lohlker 2016, S. 118

117 Lohlker 2016, S. 131

118 Lohlker 2016, S. 135–136

119 Lohlker 2016, S. 111–113

120 Lohlker 2016, S. 104

121 Sacks, Jonathan (2011): *The Great Partnership. God, Science and The Search for Meaning.* Hodder & Stoughton, S. 256

122 Hitler, Adolf (1920/1968): *Warum wir alle Antisemiten sind. Hitlers ›grundlegende‹ Rede zum Antisemitismus.* In: Vierteljahreshefte für Zeitgeschichte, Jahrgang 16(1968), Band 4, S. 390–420, online unter: https://tinyurl.com/hitlerantisemitismus1920

123 Hitler, Adolf (1925/2016): *Mein Kampf. Eine kritische Edition. Band I.* Institut für Zeitgeschichte, S. 825

124 Hitler 1925/2016, S. 824, Anm. 178

125 Butterweck, Helmut (2016): *Nationalsozialisten vor dem Volksgericht Wien. Österreichs Ringen um Gerechtigkeit 1945–1955 in der öffentlichen Wahrnehmung.* Studienverlag; Aktz.: 47W142

126 Gabrielsen, Maria (2018): *Angezeigt von Mama. Die Geschichte einer Deportation.* Metropol

127 Arendt, Hannah (1963/2011): *Eichmann in Jerusalem. Ein Bericht von der Banalität des Bösen.* Piper 2011

128 Cesarani, David (2012): *Adolf Eichmann. Bürokrat und Massenmörder.* List, S. 384

129 Cesarani 2012, S. 445

130 Wojak, Irmtrud (2001): *Eichmanns Memoiren. Ein kritischer Essay.* Campus, S. 48–66. Auszüge im Fritz Bauer Archiv online, abgerufen am 22. 12. 2018 unter: https://www.fritz-bauer-archiv.de/index.php/genocidium/eichmann-vor-gericht

131 Carter, Rita (2014): *Das Gehirn.* Dorling Kindersley, S. 170

132 Abbildung: https://www.neuroscientificallychallenged.com/glossary/anterior-cingulate-cortex, abgerufen am 22. 6. 2020 (Lizenz: creative commons CC BY 4.0)

133 Stangneth, Bettina (2016): *Böses Denken.* rowohlt, S. 41

134 Robertson, Ian (2014): *Macht. Wie Erfolge uns verändern.* dtv, S. 277

135 Fetchenhauer, Detlef (2011): *Psychologie.* Vahlen, S. 354–355

136 Fetchenhauer 2011, S. 356–357

137 https://twitter.com/shomburg/status/1262097269295382528, abgerufen am 18. 6. 2020

138 Schiffer, Christian (2020): *#failoftheweek . Wo bleibt die Impfung gegen Geschichtsvergessenheit?* Bayerischer Rundfunk

vom 22. 5. 2020, abgerufen am 1. 6. 2020 unter: https://tinyurl.com/homburgfail

139 Robertson 2014, S. 278

140 Ebner, Julia (2018): *Wut. Was Islamisten und Rechtsextreme mit uns machen.* Theiss, S. 52

141 Ebner 2018, S. 57–59

142 Ich verwende hier den Mythos-Begriff von David Atwood (2014): *Schwellenzeiten. Mythopoetische Ursprünge von Religion in der Zeitgeschichte.* Ergon, S. 26: »Unter einem Mythos werden diejenigen Erzählungen verstanden, die durch die Imagination einer paradigmatischen, d. h. bedeutsamen Geschichte die Welt raum-zeitlich ordnen und damit Handlungsanweisungen für Individuen wie für Kollektive anbieten.«

143 Übersetzt aus dem englischen Film-Original von 1994: »Jenny? Things got a little out of hand. It's just this war and that lying son of a bitch Johnson and ... I would never hurt you. You know that.«

144 Snider, Brandon (2020): *Marvel 5-Minuten-Geschichten.* cbj, S. 76

145 Steinsaltz, Adin (2011): *Die dreizehnblättrige Rose. Von den Geheimnissen der Kabbala und ihrer Bedeutung für unser Leben.* Crotona, S. 38

146 Plaut, Gunther (1999): *Die Tora in jüdischer Auslegung. Band I. Bereschit / Genesis.* Chr. Kaiser, S. 94

147 Teichtal, Yehuda (2011): *Hier bin ich!* Jüdische Allgemeine vom 26. 9. 2011, abgerufen am 1. 6. 2020 unter: https://www.juedische-allgemeine.de/allgemein/hier-bin-ich/

148 Marx, Karl & Engels, Friedrich (1888/1998): *Karl Marx Friedrich Engels Gesamtausgabe (MEGA).* Vierte Abteilung. Band 3. Akademie, S. 21

149 Taylor, Steven (2020): *Die Pandemie als psychologische Herausforderung.* Psychosozial, S. 32–35

150 Jong, Erica (1973/1985): *Angst vorm Fliegen.* Fischer, S. 79

151 Der Therapeut von Erica Jong während ihres Aufenthalts in Deutschland, Alexander Mitscherlich (1908–1982), hatte als Beobachter an den Nürnberger NS-Prozessen teilgenommen. 1967 veröffentlichte er gemeinsam mit seiner Frau Margarete Mitscherlich (1917–2012) das Buch »Die Unfähigkeit zu trauern« über das »kollektive Verhalten« der Deutschen nach dem Untergang des NS-Regimes. Eine Neuauflage erschien 2007 bei Piper.

152 Jong 1973/1985, S. 84–85

153 Hitler 1925/2016, S. 329

154 Hitler 1925/2016, S. 329 & 331

155 Vgl. Hitler 1925/2016, S. 330, Kommentar 212 (Schönerer, Alldeutsche Partei)

156 Heidegger, Martin (1926/2006): *Sein und Zeit.* Max Niemeyer, S. 161

157 Heidegger 1926/2006, S. 161

158 Heidegger 1926/2006, S. 168–169

159 Heidegger 1926/2006, S. 169

160 Dazu ausführlich die Podcast-Folge 13 von »Verschwörungsfragen« vom 8. 5. 2020, abrufbar unter: https://scilogs.spek trum.de/natur-des-glaubens/verschwoerungsfragen-13-tag-der-befreiung-und-die-juedische-mystik-zur-grossen-rede-von-richard-von-weizsaecker/

161 Adorno, Theodor (1967/2019): *Aspekte des neuen Rechtsradikalismus.* Suhrkamp, S. 13

162 Adorno 1967/2019, S. 14

163 Nocun, Katharina & Lamberty, Pia (2020): *Fake Facts. Wie Verschwörungstheorien unser Denken bestimmen.* Quadriga, S. 51

164 Seils, Christoph (2020): *Rechtsextremismus: In Existenznot.* Zeit online vom 27. 5. 2020, abgerufen am 6. 6. 2020 unter: https://tinyurl.com/zeitnotrechts

165 Baberowski, Jörg (2012): *Verbrannte Erde. Stalins Herrschaft der Gewalt.* C.H. Beck, S. 127

166 Baberowski 2012, S. 129

167 Baberowski 2012, S. 493

168 Eine ausführliche Darstellung des Hexen-Verschwörungsmythos und seiner digitalen Wiederkehr etwa durch den Sänger Xavier Naidoo findet sich in Folge 5 des Podcasts Verschwörungsfragen, abrufbar unter: https://tinyurl.com/adrenochromhexensalbe

169 Innis, Harold A. (1950/2007): *Empire and Communications.* Rowman & Littlefield, S. 26–27

170 Schabacher, Gabriele (2017): *Transport und Transformation bei McLuhan.* In: Schröter, Heilmann (Hrsg.): *Medien verstehen.* meson press, S. 58–84, Zitat S. 76

171 McLuhan, Marshall (1962/2011): *Die Gutenberg-Galaxis. Die Entstehung des typographischen Menschen.* Gingko Press, S. 29

172 McLuhan 1962/2011, S. 41

173 Lobo, Sascha (2020): *Donald Trumps Strategien für den Staatsstreich.* Spiegel online vom 3. 6. 2020, abgerufen am 6. 6. 2020 unter: https://www.spiegel.de/netzwelt/web/do nald-trump-seine-strategien-fuer-den-staatsstreich-kolumne-a-ab1efdca-874c-4af9-9a02-2241be3467c1

174 Eger, Edith (2017): *The Choice. Even in Hell Hope can Flower.* Rider, S. 240

175 Vgl. einen jungen Propagandisten des libertären Antisemitismus. Knechtel, Tilman (2015): *Die Rothschilds. Eine Familie beherrscht die Welt.* J.K. Fischer

176 Rottscheidt, Ina (2020): *Libertärer Antisemitismus – Hygienedemos verbreiten Mythos einer Neuen Weltordnung.* Deutschlandfunk vom 29. 5. 2020, abgerufen am 9. 6. 2020 unter: https://www.deutschlandfunk.de/libertaerer-antisemitismus-hygienedemos-verbreiten-mythos.886.de.html?dram:article_id=477618

177 Janich, Oliver (2010/2019): *Der Kapitalismus-Komplott. Die geheimen Zirkel der Macht und ihre Methoden.* FinanzBuch

178 Auf hohem fachlichen Niveau Funkschmidt, Kai (2020): *False Memory. In der Therapie ›wiedergefundene‹ Erinnerungen.* Evangelische Zentralstelle für Weltanschauungsfragen Berlin

179 Andersen, Kurt (2017): *Fantasyland. How America Went Haywire.* Random House

180 Nocun & Lamberty 2020, S. 53

181 Blumenberg, Hans (1979/2017): *Arbeit am Mythos.* suhrkamp

182 Blume, Michael (2018): *Der Reiz von Verschwörungsmythen. Eine Analyse von Lisa Fitz »Ich sehe was, was du nicht siehst«.* In: Köhler, Thomas & Mertens, Christian (2018): *Politische Beratung 2017/2018. Zeit und Geist in Mitteleuropa.* edition mezzogiorno, S. 90–99, online abrufbar unter: https://tinyurl.com/lisafitzsiehtwas

183 Eger 2017, S. 309

184 Hitler, Adolf (1925/2016): *Mein Kampf. Eine kritische Edition. Band I.* Institut für Zeitgeschichte München, S. 277

185 Eger 2017, S. 360